「おとうふ工房いしかわ」

年商50億のまっすぐ経営術

Noburu Ishikawa
石川 伸

プロローグ

豆腐工場の一角で、子どもたちの元気な声が飛び交います。


「もうにがりを入れてもいい？」

「わ～、固まってきた！」

「こっちは固まらないよ～、なんで～？」

「大丈夫、こうするとちゃんと固まるよ」

「本当だ！　お豆腐屋さん、すごい！」


これは、「おとうふ工房いしかわ」で開かれている、豆腐作り体験教室の一シーンです。

「おとうふ工房いしかわ」は、豆腐をはじめとする大豆加工製品を製造・販売する会社です。

愛知県高浜市を本拠地に、
現在4つの工場があり、約500名の仲間（社員&パートさん）と
「子どもに食べさせたい豆腐」「旨い、安全、安心」をモットーに、
豆腐作りに励んでいます。

前身は家族経営、町の小さな豆腐屋でした。私は四代目として生まれ、
来る日も来る日も、朝早くから作業場に立つ両親の姿を見て育ち、
私自身も豆腐作りや店番を手伝いました。

今でこそ「私は豆腐屋です」と胸を張って言えますが、
十代の頃は家業を継ごうとは思っていませんでした。
豆腐作りは、夜から大豆を水に漬け、翌朝早く起きて、大豆を炊いて、
寒い冬でも冷たい水に手を突っ込んで……
一丁100円という安い製品を売る仕事は、
子どもながらに、つらい仕事だなぁと感じていたからです。

近所のサラリーマンが、ビシッとスーツで決めている姿を見ると、
長靴に前掛けの父親を「なんか、かっこ悪いな」と思うこともありました。

将来は、家業とは離れた職に就くことを意識していました。
雑誌『ポパイ』を読み、サザン・オールスターズを聴いて、
東京や湘南に憧れを持った私は、
とにかく高校を卒業したら家を出て、
東京の大学に進学したいと思うようになりました。
調べてみると、日本大学の食品工学科が藤沢にあるとわかり、
ここの受験を決めました。

大学に合格し、一人暮らしを始めてみると、
毎月送られてくる仕送りに、お金のありがたさを、しみじみと感じました。

このお金は、両親が一生懸命豆腐を作って得たものだと思うにつれ、感謝の気持ちが強くなっていきました。

豆腐屋を継ぐことが、私にできる親孝行だと思うようになり、それまで過ごした時間、ずっとそばにあった豆腐を、なつかしく思う気持ちになりました。

大学を卒業する頃には、家業を継ぐ決意をしました。

経営ノウハウを身につけるため、豆腐を扱う大手食品メーカーに就職。

5年勤めた後に実家に戻り、跡を継ぎました。

最初は思うように豆腐が売れずに苦労したことも、

経営が傾き、「いしかわさんのところは、もうすぐ潰れる」とウワサされ、ひとり夕陽に涙したこともあります。

でもどんな時も、家族そしてまわりの人たちに助けられました。
うちの豆腐を買ってくださるお客様が
あたたかい声をかけてくださいました。
徐々に売り上げを伸ばして、今年で25年、年商も50億に達しました。

自分に経営の才能があると思ったことは、一度もありません。
豆腐の職人であるとも思いません。
社是である「旨い・安全・安心」豆腐を作り続けて、
皆様に喜んでもらいたい、それをめざして、
皆が楽しく仕事ができる会社にしたい、
そう信じる道を、まっすぐに進んできました。

ここ数年「その経営術を聞かせてもらいたい」と
声をかけていただく機会が増えてきました。

試行錯誤をくり返した
創業四半世紀の経験が、何かの参考になり、
皆様に喜んでもらえることがあれば、この上なく幸いです。

おとうふ工房いしかわ
代表取締役　石川　伸

目次

第一章 日本一の豆腐屋をめざして！

第二章 「もの」づくりのブレない基盤

第三章 顔の見える「ひと」とのつながりを大切に 133

第四章 大切にしたい、「コト」の価値と、未来への夢　171

第一章

日本一の豆腐屋をめざして！

20代で何ができるか？
簡単にはいかない夢と現実のギャップ

「日本一の豆腐屋になる」夢を抱いて、「石川豆腐店」を継いだのが27歳。

一年後、1991年に個人商店から有限会社にし、屋号も「おとうふ工房いしかわ」に改めました。

業態は相変わらず小さな町の豆腐屋、従業員も家族だけ。

それでも「カッコイイ」会社に見せたかったのです。

当時の私が考える「日本一の豆腐屋」とは、**日本一多く大豆をつぶし、日本一数多くの豆腐を作り、売り上げで一番になることでした。**

それが、豆腐屋が世間から認められる唯一の手段だと思っていたのです。

サラリーマン時代に経験した工場設備を参考に、
5000万円をかけて大量生産できる体制を整えました。
当時の1年の売り上げは3000万円でしたから、とても大きな投資でした。
でも、**工場の機械があれば今までの何倍もの豆腐が作れる、**
それをスーパーなどに置いてもらえば、一日の売り上げも何倍にもなる。
だから何とかなる。そう思いました。
新しい機械から豆腐がどんどん出て来る様子を見て、心が躍りました。
でき上がった豆腐の数だけ、日本一に近づいているような気分でした。
でも、現実は厳しいものでした。
思うように豆腐が売れないどころか、営業に行っても門前払い。
あの時に私が作っていたのは、特別なこだわりも工夫もない普通の豆腐。
スーパーに並ぶ他社の豆腐の間に、やすやすと入っていけるわけがありません。
どうやったらこの状況を突破できるかわからず、途方に暮れました。
家業を継いだ時の自信を、早くも1年で失いかけていました。

いったい何を知っているんだろう？「それでよく豆腐屋をやっているね！」

そんな時、高校の同級生の奥さんから

「自然食のお店に豆腐を売りに行ったら？」という提案を受けました。

自然食の店は、体にいい食べ物を扱っている。

そのお店では「一丁200円のお豆腐も売ってるよ！」

そんな儲け話はないと思いながらも地元の自然食の会社を紹介してもらい、自社の豆腐を持って、意気揚々と社長に会いに行きました。

社長からは

「大豆は国産を使っているの？」「にがり（※）を使っているの？」という質問。

当時、私のところでは、国産大豆も、にがりも使っていませんでした。

さらに、にがりで豆腐を作ったこともありません。

これはまずい。取引してもらえない。それどころか

「それでよく豆腐屋をやっているね」

「コイツはダメな豆腐屋だ」と思われるかもしれない。

でも、知ったかぶりをしたところで、メッキはすぐにはがれる。信用を失う。

それは「おとうふ工房いしかわ」の信用を失うこと。

正直に「すいません、何も知らないので教えてください」とお願いしました。

そこで教えていただいたのは、

国産大豆のよさと、にがりが大豆のうまみを引き出すということ。

何より子どもたちが口に入れるものは、安全で安心な本物であること。

伝統的な食品は、伝統的な技術で作るべきだということ。

今は、国産大豆や遺伝子組み換えでない大豆を使用した豆腐は、
決して珍しいものではありません。
むしろ、そうでなくては手に取ってもらえない時代です。

会社を設立した当時は、
食品の製造に関わる者でさえ、それらの価値を考えない者が大半でした。
豆腐に関していえば、輸入大豆とすまし粉(※)で作るのが主流。
その頃のうちもそうでした。

そんな私にとって「国産大豆とにがり」の問いから始まる社長の話は、
無知を実感すると同時に、目が覚める思いの新鮮なものでした。
特に、食の安全性やアレルギーなど、
健康との関わりにも興味深いものがありました。

「食にも安心・安全が求められる時代がやって来る」という予感がしました。

そのために、自分に今、何ができるのだろう。
知っていることは何で、知らないことがどのくらいあるのだろう?
そうだ、もう一度きちんと勉強して、
国産大豆とにがりの豆腐を作ってみよう!

※　にがり　豆乳からとうふを作る次の工程「凝固」のための添加物。海水から塩（塩化ナトリウム）を採った残りのものから産出され、主成分は塩化マグネシウム。太平洋戦争中に軍需物資として調達されたことを契機に、使用がいったん減少した。

※　すまし粉　戦時中ににがりが不足した際に、代替品として多く使われるようになった凝固剤。成分は硫酸カルシウム。水に溶けにくく、豆乳の凝固反応が遅いために使いやすく、保水力があるため、滑らかで弾力のある仕上がりになる。

豆腐屋が豆腐を勉強
試行錯誤の中で新しい発想が生まれる

さっそく国産大豆とにがりを調達し、豆腐を作ってみました。
でも初めてのことで、なかなかうまくいきません。
難しかったのは、にがりを加えるタイミングと混ぜ方でした。
豆腐組合の先輩に聞いても、経験者はほとんどいません。
豆腐の資機材屋さんなら、何か知っているかもしれないと思って相談、
「ワンツー寄せ器」という道具があるが、作り方の詳細までは知らないとのこと。
時間はかかるかもしれないけれど、自分で試行錯誤してみよう。
そう思った私は、仕事の合間も、仕事外の時間も使って研究を重ねました。
工場には朝早くから行っていました。

朝いちばん4時、5時から出て、ボイラーに火を入れました。
にがりを入れるタイミングが鍵を握っている。そこに突破口がある!
完成させたら一歩前進できる、次につながっていく気がしたのです。

豆腐に関する本を読み、たくさんの興味深い話を聞きました。
知らなかったことから、新しい発想も生まれました。
誰かに作り方を簡単に教えてもらい、すぐに完成していたら、
材料の組み立てや特徴、まして
にがりの歴史や変遷などは、知らないままだったかもしれません。

豆腐の発祥は中国です。
製法の関係で豆乳の濃度が比較的薄く、
凝固剤は「すまし粉」(硫酸カルシウム)が中心でした。
それらで作った豆腐の食感はかたく、加熱して食べるのが主流だったそうです。

豆腐が日本に伝わったのは約１３００年前、奈良時代のことといわれています。

大豆のうまみを味わうために、
凝固剤は「にがり」(塩化マグネシウム)が使われるようになりました。
以来、日本では、にがりで固める製法が主流でした。

にがりを使った豆腐の食感は柔らかく、冷ややっこで食べる文化も生まれました。
江戸時代１７８２年に刊行された『豆腐百珍』という本があります。
その名前の通り、多くの豆腐料理が紹介されていますが、
中に「やっこ豆腐」という名前の１品も紹介されています。

にがりを加えるタイミング、量、混ぜる手法……
いろいろなチャレンジを続けること数か月、

「いいね、やればできるじゃない」

自然食品の会社社長から褒めていただける豆腐が完成、無事に納入できることになりました。

その豆腐は本当の意味でおいしいものでした。

たくさんの人に食べてもらいたい、誰でも普通に買える値段にしたい、新しい目標がまた生まれ、製造量を増やす取り組みに着手しました。

にがりの豆腐には、タンパク質量の多い豆乳が適しています。

そのような豆乳を作るには、タンパク質の多い国産大豆が最適でした。

当時、大豆60キロの値段は、輸入が約2500円、国産が約8000円でしたから、原材料費は3倍以上です。

「いしかわの息子が東京から帰って来て、国産大豆で豆腐を作るんだって」

「消費者にはわかるわけないのに……」

同業者の嘲笑が、うわさ話で聞こえてきました。

それは、経営者として当たり前の意見です。
少し前なら、私も同じことを言ったと思います。
地元の豆腐組合の会合に父親が出席して憤慨して帰ってきました。
私には、理由を言わなかったのですが、母親が、そっと教えてくれました。
どうも、そのうわさ話を会合で言われたらしいのです。
それを聞いて本当に申し訳なく思いました。
自分勝手に設備投資をして
国産大豆とにがりで豆腐を作り始めて、人に迷惑をかけていたなんて
だから続けなければいけない。
世間に認めてもらわなければ……。

大豆から豆腐やおからができるまで

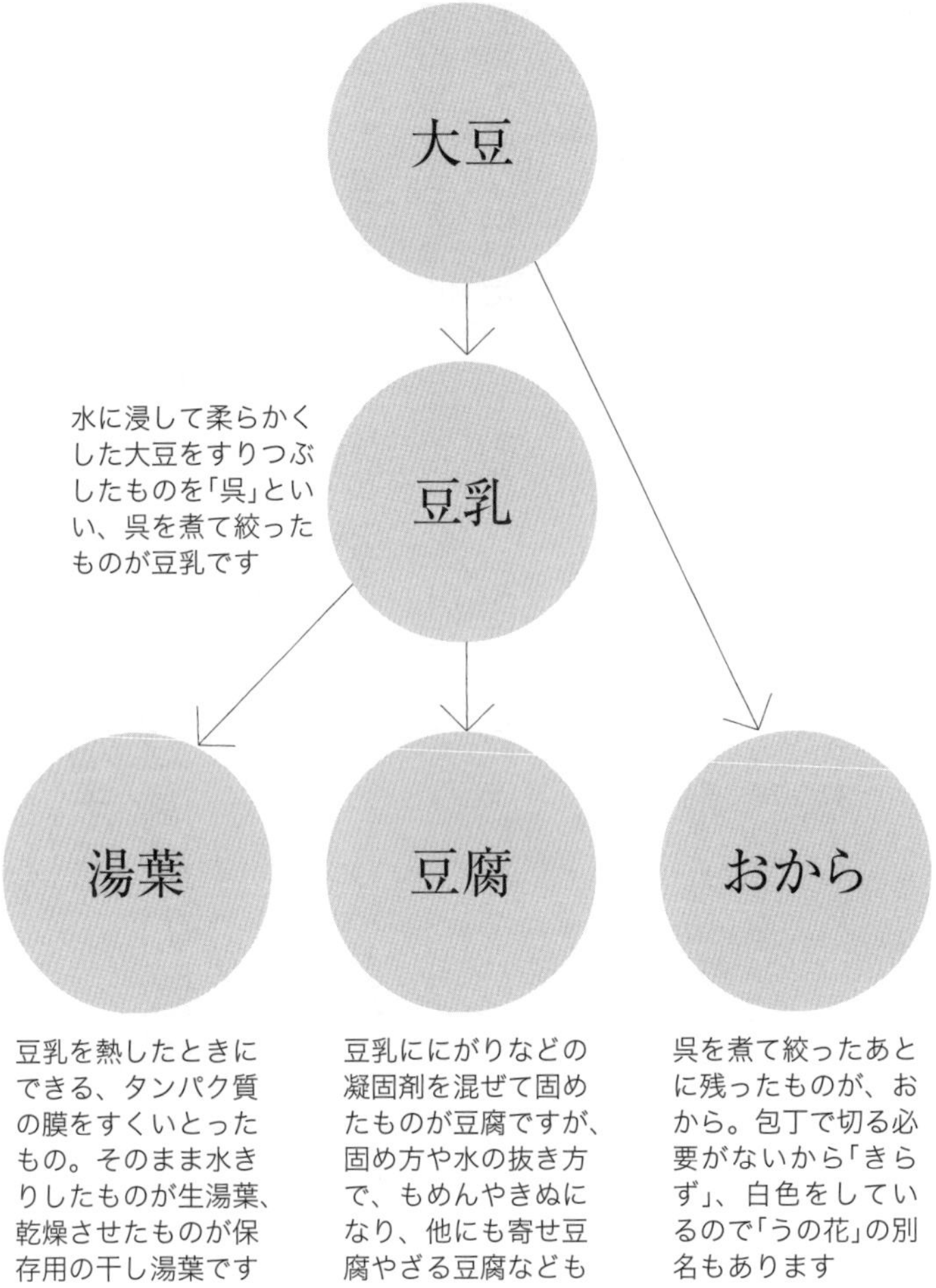
大豆
豆乳
水に浸して柔らかくした大豆をすりつぶしたものを「呉」といい、呉を煮て絞ったものが豆乳です
湯葉
豆腐
おから
豆乳を熱したときにできる、タンパク質の膜をすくいとったもの。そのまま水きりしたものが生湯葉、乾燥させたものが保存用の干し湯葉です
豆乳ににがりなどの凝固剤を混ぜて固めたものが豆腐ですが、固め方や水の抜き方で、もめんやきぬになり、他にも寄せ豆腐やざる豆腐なども
呉を煮て絞ったあとに残ったものが、おから。包丁で切る必要がないから「きらず」、白色をしているので「うの花」の別名もあります

スーパーマーケットとの取引が始まる
お客様目線のサービスで、町の豆腐屋の販路が拡大

作業場に併設した店舗で「国産大豆とにがりの豆腐」を売り始めた頃、愛知県刈谷市に本社を置く総合食品スーパーマーケット「ヤオスズ」から、「御社の豆腐を取り扱いたい」と店長さんが来店されました。

バブル崩壊後の値下げ幅を競う流通業界で、他社との差別化を図るため、ヤオスズは**「こだわりの食材をコンセプトにしたスーパー」**に業態を変えようとしていました。その方向性に合うということで、声をかけてくださったのです。

他に比べて高いという事実を認めた上で、味が評価されました。念願だったスーパーと取引ができるのです。

それはもう、跳び上がるほどうれしい出来事でした。
いい豆腐を作り、「おいしい」と喜んでもらえれば、
立派な看板がなくても、値引きで売り込みをかけなくても広まっていくものだ、
ということが、初めて実感としてわかったのです。
サラリーマン時代は大手メーカーに勤めていましたから、営業はスムーズでした。
やはり企業の看板に守られていました。
でも、小売店「おとうふ工房いしかわ」の看板を背負っての営業は、散々でした。
そして今回のヤオスズとの一件で、
サラリーマン時代の成功体験を引きずってはいけない、
大手のやり方をなぞるだけではいけない、と改めて思いました。

刈谷生協（現かりや愛知中央生協）からも取引の依頼がありました。

国産大豆使用でにがり寄せの豆腐を探している際に、ヤオスズで見たということでした。

生協からの注文数は大量で、作業場は休みもないほどの忙しさとなりました。

食べたい豆腐を作る夢「究極のきぬ」「至高のもめん」誕生

思いを込めて作った「国産大豆とにがりを材料とした豆腐」が好評を得て、売り上げが伸びていくという状況は、本当にうれしいものでした。材料費、工場運営費など、当面の支払いの不安からもひとまず解消され、「新しい豆腐を作ってみたい」と思うようになりました。

それは、私がイメージする「理想の味の豆腐」です。

「国産大豆とにがりの豆腐」は素材の味にこだわっていますが、甘みとコクの面で、少しだけ物足りなさを感じていたのです。

というのも、にがりで豆腐を作る製法に向くのは、タンパク質の多い大豆ですが、その分、ショ糖の値が低いという特徴があります。

また、当時使っていた地元産の大豆は、油脂量も低かったため、どうしても甘みとコクが足りない傾向がありました。

そんな時、雑誌で、興味深い記事を目にしました。

「木綿豆腐を作る時に出る湯から、オリゴ糖が抽出できる」

さっそくその技術を開発したエンジニアに連絡をとって話を聞き、ひとつのアイデアがひらめきました。

「大豆オリゴ糖に近い組成を持った、オリゴ糖を足せば、自分の求めている大豆の味が出せるかもしれない」

「さらに大豆から搾油した油を足せば、自分の理想の味になるかもしれない」

原材料以外のものを足すことは、豆腐業界や自然食業界では邪道でした。

「国産大豆とにがり」をウリにしているのに、そこにオリゴ糖？　油？　何考えてるの！　という意見です。

でも、「食品工学科卒エンジニア」としての、
「新しい味を作っていきたい」私には、
オリゴ糖の存在を教えてくれた同じ技術屋の人が、力強い助っ人に思えました。

お客様から聞いた話にも、大切なニーズを感じていました。
「うちの子は、豆腐のにおいが嫌いだと言って、食べてくれないの」
多くの日本人が、「大豆の風味」と喜ぶ味も、
苦手な人にとっては「嫌なにおい」に感じられます。
それはリポキシゲナーゼという酵素の力で臭いが生成されるからです。
他にも収れん性やエグ味の素のサポニンや配糖体もあります。
オリゴ糖には、それらのにおいをマスキングする、
つまり重ねることで作られる、においに対する効果があるとわかり、
甘みやコクという味の面と合わせて、オリゴ糖の働きを再認識しました。

「自然食の亜流と考えてこの新しい豆腐を受けとめてほしい」

「自分が食べたい理想の豆腐」が
「子どもたちが、おいしい！　と食べてくれる豆腐」と重なればいい！
「自分の趣味として、エンジニアの夢、遊び心として、
食べたい、最高においしい豆腐を作ってみよう！」

水と油を均一に豆腐に乳化分散させて、安定して凝固することは、かなり難しいものでした。機材を調べると手がでるような価格ではありません。予算がないので、家庭用ブレンダーで「乳化」の実験をくり返し、何回も何十回も試作をしました。

「遊び心で作り始めた豆腐だから、名前も少し遊んでみよう」ということで**「究極のきぬ」「至高のもめん」とあえて大げさな名前で発売しました。**
冷ややっこで食べてもらいたいので、最初から豆腐に大葉を付けました。

業界の反応はやはり冷ややかなものでした。

「大豆とにがりに別のものを足すなんて、それは味つけ豆腐だろ」と言われ、そんなには売れるわけがないと思われていました。

実際、最初は一日20丁も売れませんでした。

ところが、ここでも口コミから広がって、じわじわと売り上げが伸び、お客様の評価も高まっていきました。


発売2年目からは、前年比200%以上の売り上げが続きました。

ロングセラー「究極・至高」

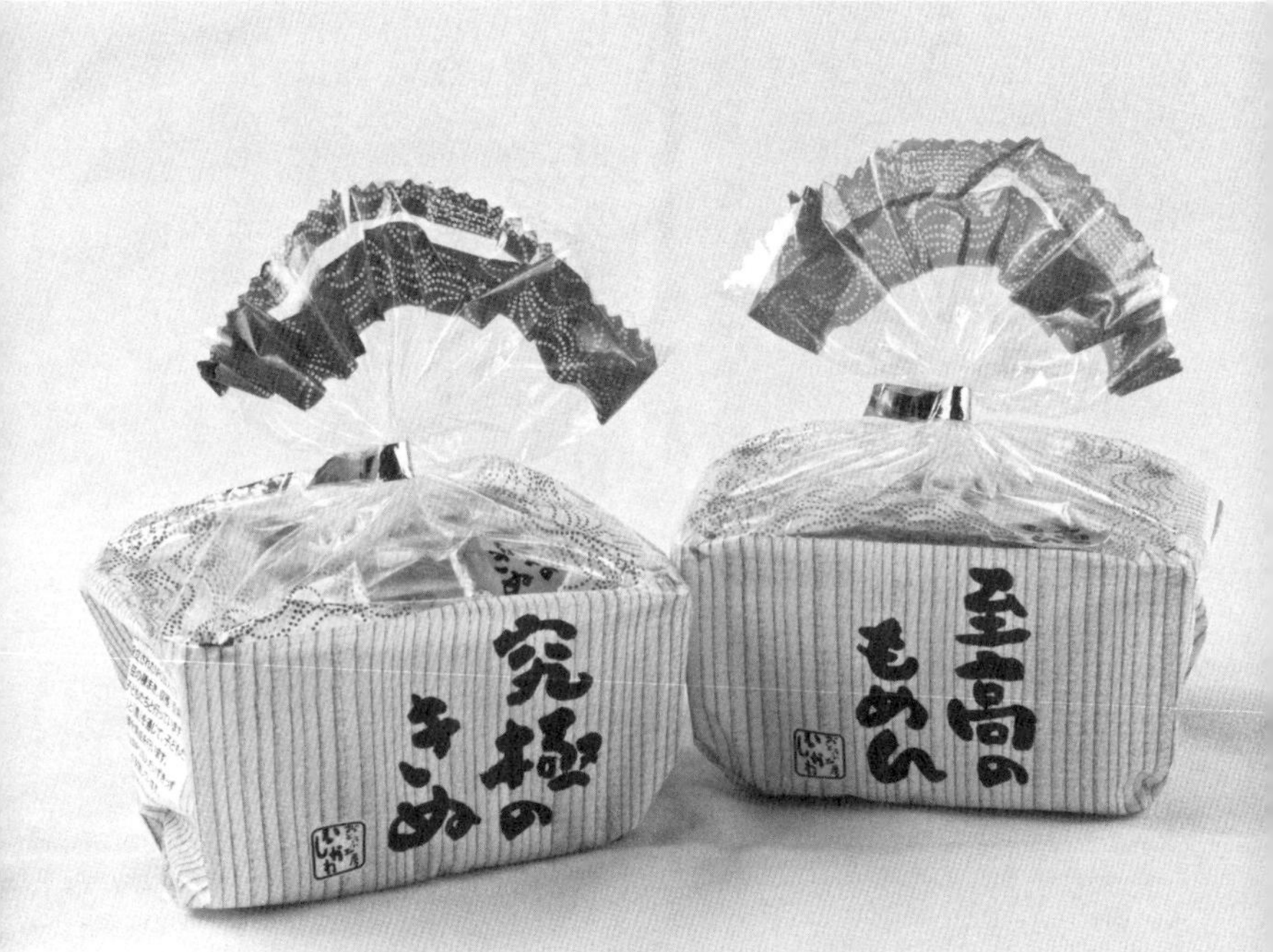

絶対定番「究極のきぬ」「至高のもめん」どちらも基本１丁450ｇと他と比較すると、かなり大きく、ずっしりしている(他のサイズもあり)。冷ややっこで食べてもらいたいという石川社長の考えで、個別包装された大葉を、1枚ずつ上にのせている。上がぴったりしたパックだと大葉がつぶれてしまうので、巾着型のパッケージを使用(大葉は愛知県内の販売と通販のみ)

「究極・至高」という、立派なネーミングから、
「最初からヒット商品をねらったんでしょう？」とよく聞かれます。
決してそんなことはありません。

ヒット商品は、ねらって作ることはできません。
背景にはお客様の声があり、
その方たちに向けて、商品提供の場を広げるだけです。
そしてより広い範囲に対して、
「究極・至高」に対する熱い思いをアピールしてきました。

「いしかわさんのところは、究極・至高だからな」と、
うちの豆腐の代名詞にもなり、
今にいたるまで、ロングセラーを続けています。

究極のきぬ・至高のもめんシリーズの年間売り上げ(1997年〜2003年)

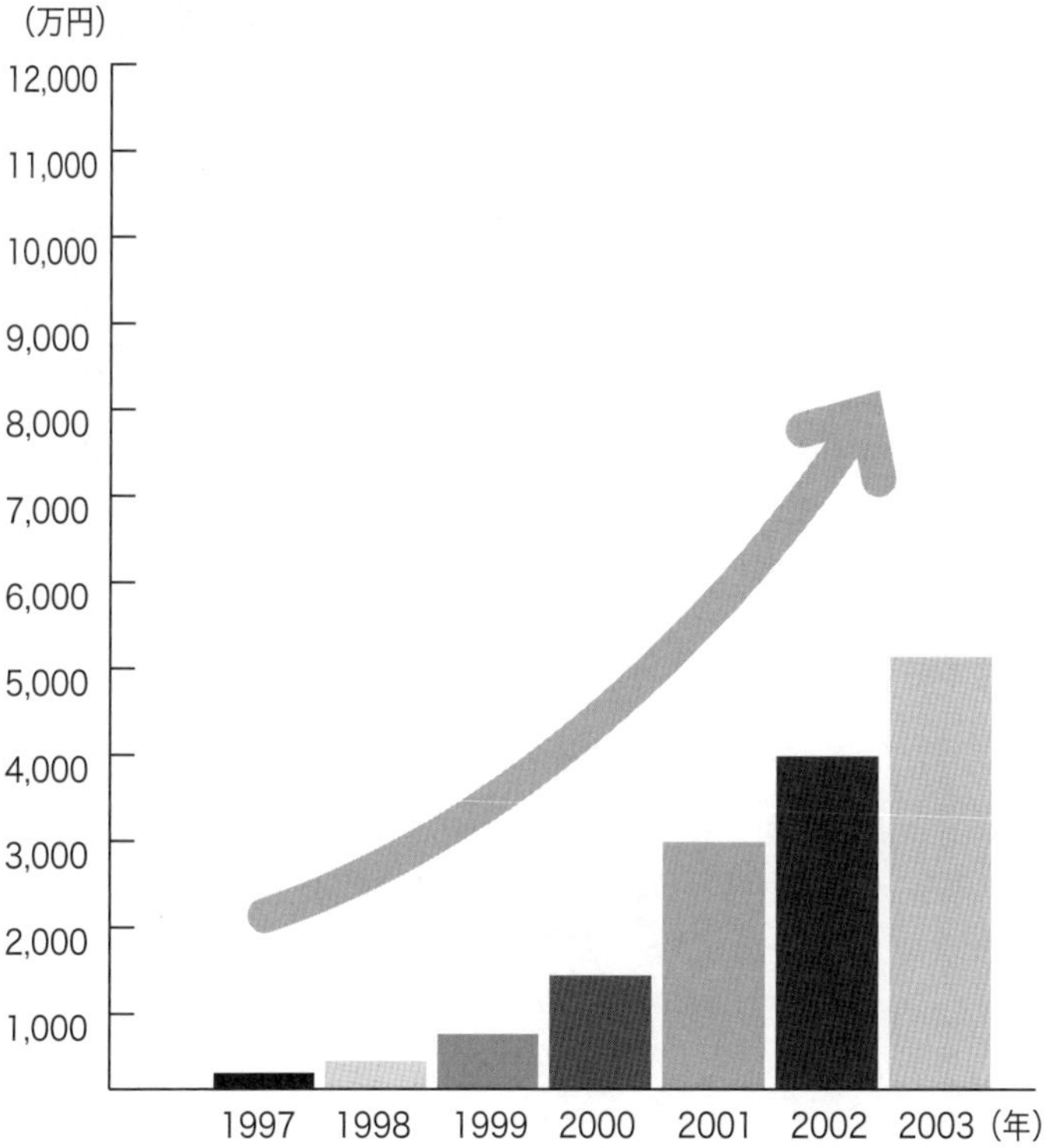

おから活用法の研究から大ヒット商品「きらず揚げ」が生まれる

弊社が国産大豆を使用していることが認知され始めた頃、地元の製菓会社「井桁《いげた》屋製菓」の野村君(現社長)から

「いしかわさんのおからを分けてもらえませんか」という相談がありました。

「国産大豆のおからを使ったお菓子」を作るための、いいおからがなかなか見つからず困っていたところ、「いしかわさんのおからは、国産大豆を使っているよ」と紹介されたそうです。

その話を聞いて、こちらからも提案しました。

「おからを提供するだけじゃなくて、一緒に商品開発させてもらえないかな」

というのも、大学時代の卒論で「おからの活用法」を研究したからです。

おからは大豆から豆乳を搾った後に残るものです。

低カロリーで食物繊維が豊富な上、生活習慣病に効果が高いとされるタンパク質、リノール酸、オレイン酸も含まれていることから、**健康食品やダイエット食品としても注目を集めています。**

しかし、排出されるおからの中で、惣菜などに利用されるのはわずか2割弱、残りは家畜の飼料やキノコ類の菌床などに使われます。

産業廃棄物として処理されるケースも少なくありません。


おからの利点を考えると、非常にもったいない気がしますが、排出されるおからの量が圧倒的に多いのです。

ちなみに国内の豆腐業界では、年間約70万トンのおからが排出されています。


その一部を排出している「おとうふ工房いしかわ」としても、**おからの有効活用に役立ちたい!**

その意見に、井桁屋さんも賛同、

二人三脚で、おからを使ったお菓子の試作が始まりました。

めざしたのはスナック菓子のようにカラッと軽い食感のお菓子でしたが、

問題点は、かたくなってしまうことでした。

おからは含有量を増やせば増やすほど、かたくなる性質があります。

かといって含有量を減らせば、おからのお菓子から遠ざかってしまいます。

そんな時に、刈谷生協主催の商品検討部会がありました。

組合員さんとの雑談の中で、おからのお菓子を開発していること、

軽い触感にならず試行錯誤していることなどを、ポツリとこぼしました。

すると女性組合員さんが、こう話してくれました。

「最近のお菓子は柔らかいものが多く、

子どもが歯がためできるものがなくて、困っているんです。

だから体にいいおからで、かたいお菓子を作ったら、すごく喜ばれますよ!」

迷いがふっ切れたひと言でした。

めざす方向を「おからを使ったかたいお菓子」に切り替え、子どもが食べることを意識して、材料の安全性にも徹底的にこだわりました。

朝一番作りの国産大豆が主原料であることに加え、

小麦は、地元愛知県で契約栽培しているもの。

甘みは、鹿児島県種子島産のさとうきびから取れた粗糖。

塩も、もちろん国産です。

さらに、揚げ油にもこだわり、

遺伝子組み換えでない菜種油の、あっさく一番搾りを使いました。

かたいからこそ、形状を「マル」「星」「波板」など割れやすさを考え、

塩の分量を減らすために「外かけ」にするなど、いろいろと工夫しました。

でき上がったものを、生協の組合員様に試食してもらいました。
みなさん「おいしい!」と言ってくださり、
「これはいけるかもしれない」という大きな手応えを感じました。

このお菓子に「きらず揚げ」(※)と名づけ、
「子どもに食べさせたいお菓子」というコンセプトで発売することにしました。
ふたを開けてみると、子どもだけでなく、大人にも大好評でした。
当初の販路は、生協への卸売りと、作業場の机の上だけでしたが
予想以上の爆発的な売れ行きで、味のバリエーションも増やしました。
「きらず揚げ」は、豆腐以外で初のヒット商品となりました。
近くに買えるお店がない、という問い合わせから、通販業務が始まりました。
そして「きらず揚げ」のヒットは、
「おとうふ工房いしかわ」に、さまざまな新展開をもたらしました。

※ きらずは「おから」の別名。

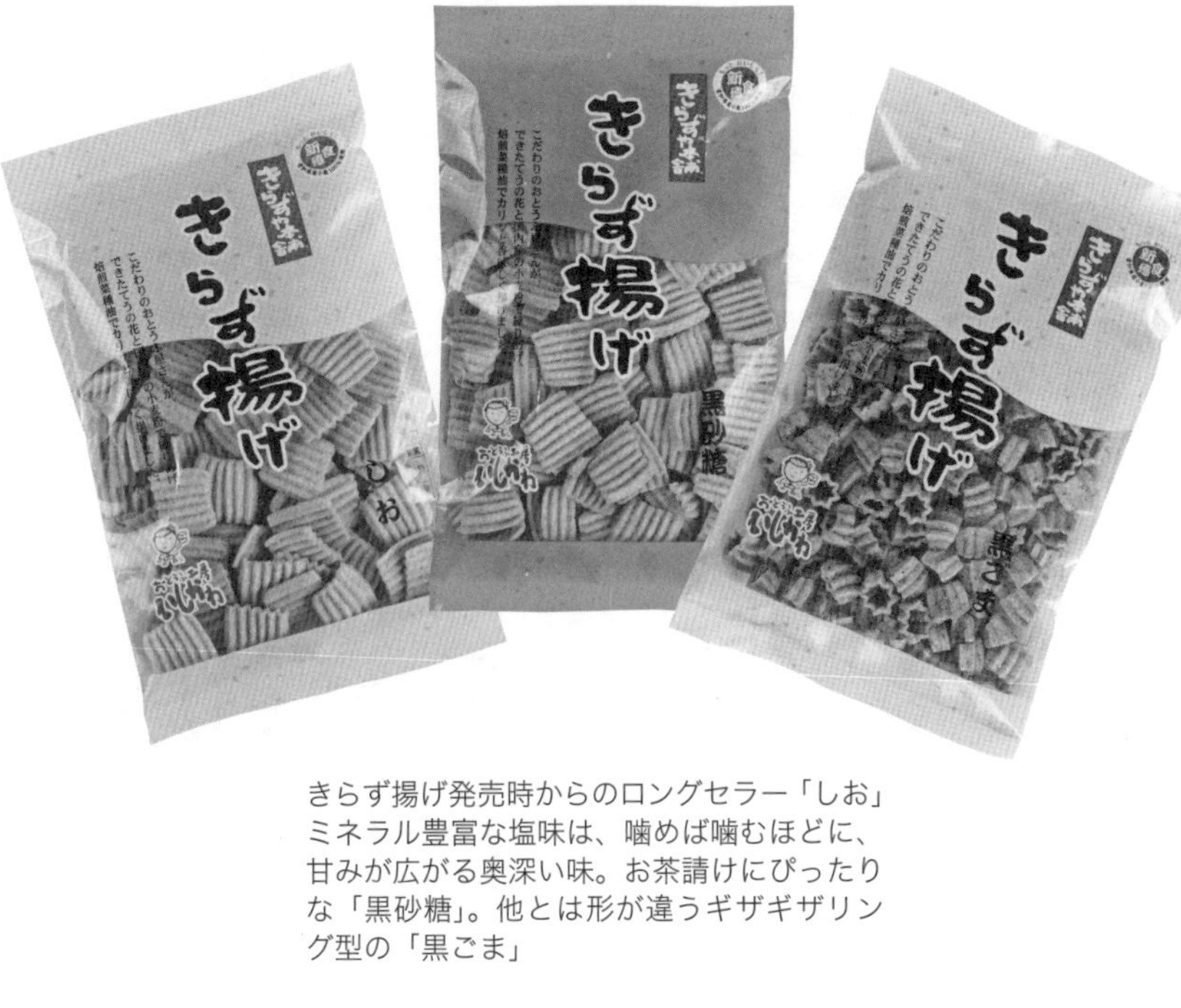

きらず揚げ発売時からのロングセラー「しお」ミネラル豊富な塩味は、噛めば噛むほどに、甘みが広がる奥深い味。お茶請けにぴったりな「黒砂糖」。他とは形が違うギザギザリング型の「黒ごま」

大豆配送のトラックに「きらず揚げ」を！
新しく見つけた大豆問屋→豆腐屋さん販売ルート

口コミから広がった通販ルートが拡大する一方で、卸売りルートの開拓も進みました。

それもまた思わぬことがきっかけでした。

平成10年、大阪で行われた、豆腐製造機器の展示会です。

取引のある業者さんが、出店ブースのお客様にお茶菓子として、「きらず揚げ」を出していました。

「お豆腐屋さんのお菓子」として、ブースにも置いてくださいました。

するとその場で、「うちの店で売りたい」という豆腐屋さんが現れました。

町の豆腐屋が扱う商品は、豆腐、油揚げ、厚揚げなど限られているので、「きらず揚げ」を加えて、商品幅を増やしたいという考えでした。

私も町の豆腐屋ですから、気持ちはよくわかりました。


これは大チャンスだ! 豆腐屋さんでお菓子を売ろうと思いました。

さっそく販売方法を考え、大豆問屋さんに
「大豆配送トラックの隅に、きらず揚げを載せてくれないかな」と頼みました。

トラックは豆腐屋を回るわけですから、特別な手間や時間はかかりません。

一緒に運ぶだけで配送料、マージンが入るということで、快く引き受けてくれました。

また、製造の際に割れてしまったり、形が悪くて商品にできなかったものを、ダンボールにひと袋ずつ試食用として入れ、配ってもらいました。

販売促進の試食用です。

「きらず揚げ」の注文が増えれば、マージンも増えるわけですから、大豆問屋さんも頑張って売ってくれました。

これが大当たりして、「大豆問屋→豆腐屋さんルート」が確立しました。

生協、スーパー、店頭売りに、通販ルートと豆腐屋さんルート、という2つの強いルートが加わり、

「きらず揚げ」の売り上げは右肩上がりに伸びていきました。

体に優しいという観点から、健康食品を扱うお店や、関東エリアの生協でも取り扱いが始まり、知名度もさらにアップしました。

そして、発売から6年後の平成13年(2001年)。満を持して、第4のルートに打って出ました。

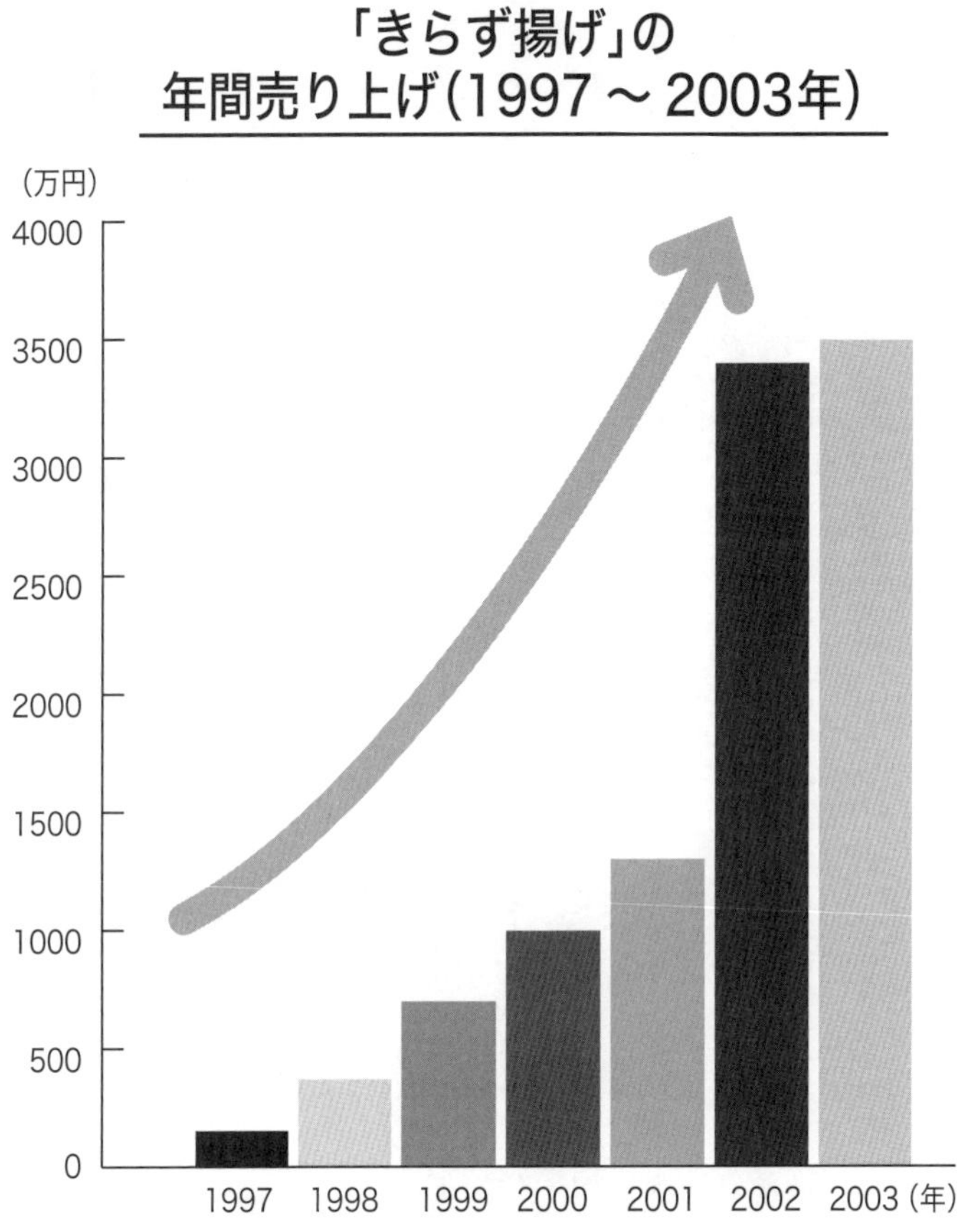

最初は足踏み状態。1999 (平成11)年でぐっと伸び、2002年に一挙に
3倍以上に

第4のルートで売り上げが飛躍「きらず揚げ」の利益が経営の基盤を作る

「第４のルート」は日本全国の菓子問屋への卸売りです。

「きらず揚げ」は通販ルートと大豆問屋ルートで、どんどん注文がはいるようになりました。菓子問屋さんに直接売り込むほうが、もちろん利幅は大きいのですが、きらず揚げ製造で手いっぱいな上、新しい味の試作で大忙しの井桁屋さんに代わって「おとうふ工房いしかわ」が菓子問屋に直接卸売りをする形が始まりました。

このやり方が「いける」という確信はありました。

その通り注文が殺到し、売り上げも前年度の約2.6倍に飛躍。

この爆発的ヒットで、「きらず揚げ」は「おとうふ工房いしかわ」を支える屋台骨のひとつになりました。

「きらず揚げ」
販売路拡大ルート

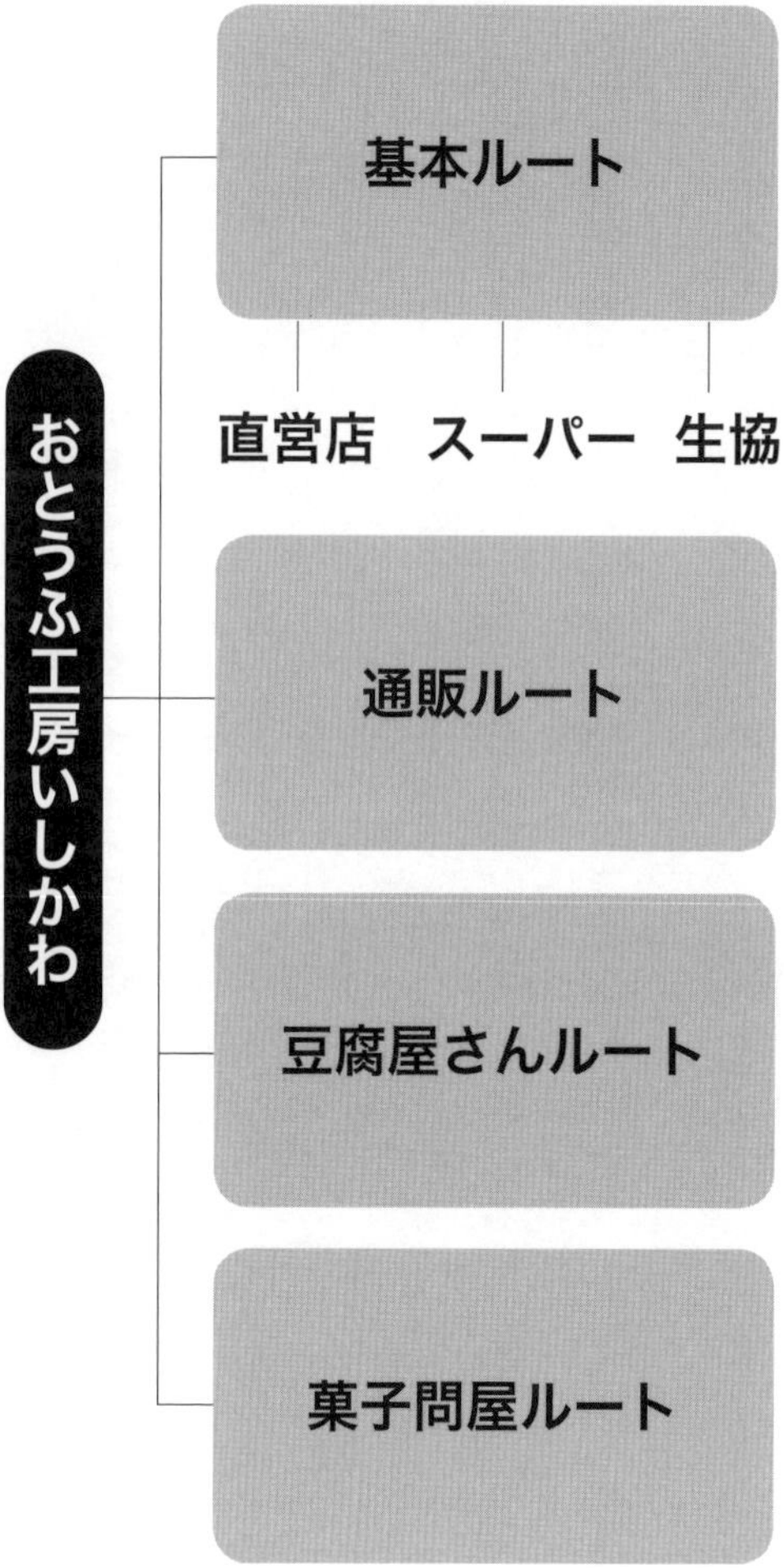

レストラン「おとうふ市場 大まめ蔵」開店へ
女性に喜ばれる店作りを徹底的にねらう！

「究極のきぬ・至高のもめん」そして「きらず揚げ」の二大看板を掲げ、新しく作った工場の一角に、店舗を設けて「とうふや豆蔵」と名づけました。お客様と交流できる場がほしかったからです。

できたての豆腐が食べられるコーナーも作りました。寄せ豆腐に季節素材のあんをかけたものは「月替わり旬とうふ」の名前で大好評でした。できたての生揚げや、おからコロッケなど、店舗での販売メニューも増え、500円定食、豆腐パフェなど、レストランの新メニューは、地元のテレビにも取り上げられて知名度をあげました。

会社の経営が安定していましたから、
何でも自由に試してみることができました。
またそういう雰囲気の中で働く従業員は、とてもイキイキしていました。
オープンして1年、創業10年を迎えました。
節目の年数で、新しいプランとこれからのビジョンを考えていたので、
この年は、店舗作りに気持ちが傾いていました。
1号店「豆蔵」の成功と、現場で見聞きしたことを背景に、
工場隣で始めていた「朝市」を発展させ、
レストランに拡大するプラン実現に力を注ぎました。立地はどうかというと
「こんな工場地帯に店を出しても、ダメだってことがわからないの?」
と、地元に住む親戚にもあきれられるくらい、周辺は工場と田んぼばかり。
日常的に人が集まる場所ではありません。
店舗=駅前や商業地域=乗用車の往来もある場所、という
過去の商売のやり方から考えると、反対要素がたくさんありました。

でも、その時の私は正反対のことを考えていました。

「人が集まらない場所だからいいんだ」ということです。

頭の中では、立地を生かした店舗のコンセプトや、集客イメージができ上がっていました。

コンセプトは「女性に喜ばれる店作り」

対象は女性のみといってもいいくらい、徹底的に絞ったターゲットでした。

愛知県は車社会だと、よくいわれます。

中でも高浜工場のある地域は、車が生活の一部です。

家族それぞれが車を持っている家も少なくありません。それでも、

「運転があまりうまくないから、できれば幹線道路は走りたくない」

という女性の話をよく聞いていました。

その点、高浜工場は幹線道路に面していません。

加えて工業地帯のため、トラックなど大型車の往来に合わせて、

道幅が広くなっていますから、運転もしやすいわけです。

バブル崩壊で売れない工業地帯でお店、それもレストランができれば、**「あんなところに、豆腐のレストランがあるらしいよ」**

「この前、行ったら、おいしかった!」と、お客様自ら宣伝してくださいますし、

「場所がわからなければ、私が連れていってあげる」と、**新しいお友だちを連れて、リピーターが増えていきます。**


店舗には、豆腐以外に自然食品や焼きたてパンの売り場を設けました。

お昼はお友だちとレストランで食事して、帰りにお豆腐やおかずも買えるという、女性客の行動パターンをつかむことができました。


実の姉が一級建築士なので、建物の設計にもこだわり、屋根は三州瓦の洋瓦葺きにし、庇《ひさし》も大きくして、杉の間伐材で外壁を仕上げました。

工場が立ち並ぶ道の先を曲がると、突然目の前に、建坪100坪、ログハウス風の大きな建物が現れます。

日常の空間で、非日常の雰囲気が味わえるという、新しいシーンができました。
おいしい豆腐を届けるだけでなく、お客様に喜んでいただける
「時間や空間も届ける」「楽しい豆腐屋」というコンセプトが加わりました。

万全の準備をした、直営2号店は
「おとうふ市場　大まめ蔵」という名前でオープンしました。

私たちの思いが実り、オープン直後から、たくさんのお客様に恵まれました。
それまで人が集まらなかった場所は、連日のにぎわいとなりました。
駐車場の広さも好評でした。
お豆腐メニューもとても喜んでいただけました。

会社は家族経営から企業経営に転換。事業規模も20億円になり、
「日本一の豆腐屋も夢じゃない！」と思うところまで来ていました。

（大写真）「おとうふ市場 大まめ蔵」1階は売店、2階はレストラン、左手前に広いスペースがあり、朝市も開催。下は「大まめ蔵定食」できたての豆腐に薬味がたっぷり。デザートもついた、豆腐づくしのコースになっている

平成16年、国産大豆高騰、価格2倍、3倍に！「おとうふ工房いしかわ」最大の危機迫る！

毎年のように出店が続き、会社は「高度成長期」を迎えました。

国の農政の関係で大豆が増産されることになり、価格も下がりました。

これを機に、原材料の大豆をすべて国産大豆に切り替えました。

それまでは作る商品に応じて、有機栽培の輸入大豆を使用するものもありましたが、ここからはすべて国産大豆使用、これが経営基盤でした。

23ページに書いたように、国産大豆は輸入大豆よりも値段が高い、その傾向は年がたっても変わりませんでした。

しかし、たとえオール国産大豆にすることで、原価が上がったとしても、**それを補う利益が、この時点では出ていたのです。**

平成15年(2003年)当時は、今に続く健康ブームで食品業界は沸いていました。
そこで「これからは豆乳の時代だ!」と考え、
豆乳飲料用の設備を工場に導入しました。
うちの、国産大豆使用の豆乳を楽しんでいただきたかったのです。
その背景には、原材料はすべて国産大豆という自信がありました。
あらゆるプランがうまく進んでいく中、
「日本一の豆腐屋」実現の夢が確実にふくらんでいく中、
予想もしない大事件が起きました。
平成16年度春に、国産大豆の卸値が発表されました。
大豆は60キロあたりの値段で出しますが、平成15年には入札価4585円だったものが、
16年には9536円、2倍です。
ここまで大きな変動は、初めてのことでした。
台風と冷害という、この年の不安定な気候が要因とされ、
もう安定するだろうと考えていた平成17年、

さらに価格高騰、60キロ　1万5000円を超える脅威の価格！

ここでも前年比1.7倍、2年前に比べると3.5倍！

食品メーカーにとって、材料費の上昇は、いちばん頭を悩ませるところ、

それでも1年目は、高価格に耐えました。

2年目は、お金を出してもいい豆が手に入らない。

グレードの低い豆で作れば味が落ちる。**これでは、経営者失格じゃないか！**

新しい技術の豆腐「究極・至高」が売り上げを伸ばし、

「きらず揚げ」が販売ルートを拡大し、安定供給ができる工場も稼動し、

お客様の声を聞くことができる、念願のレストランもオープンしたのに……

基幹部分をにぎっている「大豆」が、この価格では、

もう豆腐屋を続けられないかもしれない！

頑張って積み上げてきたものが、音を立てて崩れ落ちる、そんな状況でした。

業界紙には「おとうふ工房いしかわの財務が危ない」と書かれ、

取引先の間でも「もうすぐ潰れる」と噂されたほどです。

国産大豆の価格推移

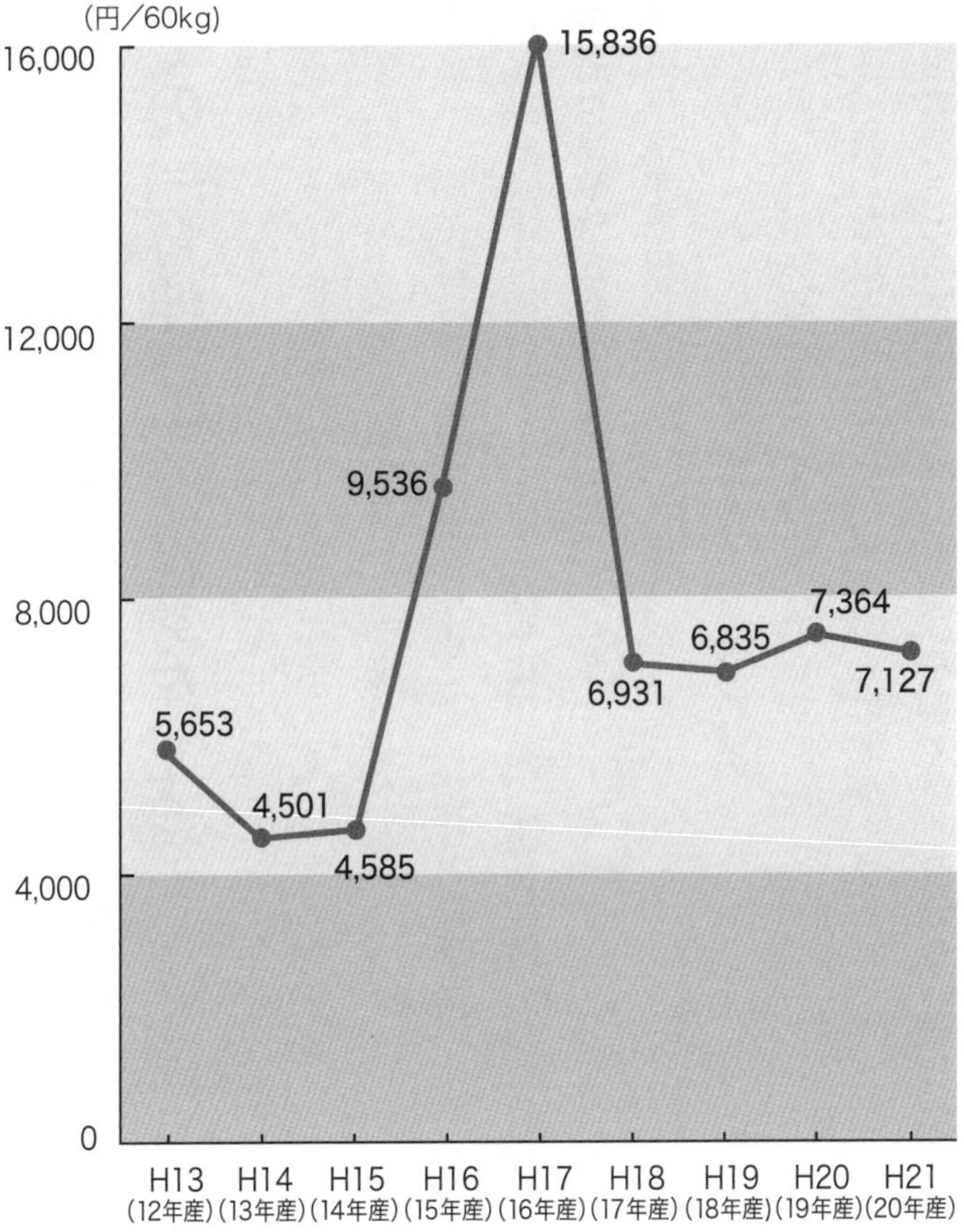

国産大豆は、(財)日本特産農産物協会における入札結果で
各年産の平均価格(税抜)

店舗拡大、従業員の増加が追いうちをかける
今までの「背伸び」が経営を圧迫！

天候による大豆価格の高騰は誰のせいでもありません。

同業者なら、人間ではなく、自然の力によるこの衝撃と痛手は、よくわかるはずです。

それなのに「もうすぐ潰れる」の話が簡単に流れ、噂に疑問も持たれないほど、**世間の反応は冷ややかなものでした。**

国産大豆の価格が高騰した平成16年には、

社員が120名、パートさんも含めると300名。

もちろん、見込みがあると思っての拡大でしたが

数年前から、新たな試みがたびたびマスコミに取り上げられて、

「業界の風雲児」ともてはやされ、背伸びをしている自分もいました。

原材料の高騰を機に、経営をすぐに見直せばよかったのですが、

「ここで規模を縮小したらカッコ悪い」と、見栄をはり、背伸びを続け、立ち止まることも、振り返ることもできませんでした。

この「背伸び」が経営を圧迫し、財務はまさに火の車。

それまで資材納入などで日参していた業者が

「取引をやめたい」「縮小したい」と連絡してきました。

経営者の考えとして、倒産の危機にある会社との取引はしたくない、

そんなリスクは避けたい、という気持ちはよくわかります。

ただ、文字通り手のひらを返すような態度が、私の甘さに向けられているようで、いたたまれない思いを抱えて、日々時間が過ぎていきました。

資金が底をつき、退職者が続出
最後に守るのは「人」そして「男気」

相変わらず財務は苦しいまま、資金は減り続け、文字通り底をつく状態でした。
自分の給料をカットし、足りない部分は、預貯金でカバーし、
それでもどうにもならなくなって、両親に助けを求めました。

会社を立ち上げた28歳の時に、父には工場設備資金を助けてもらいました。
そして、10年以上たって、40歳をとうに過ぎているのに、
「また親に金を無心するなんて、ひどい息子だな」と思いましたが、
自分を信じて、付いてきてくれる人たちを、路頭に迷わせることはできないという、
私なりの「男気」を伝えました。両親は、わかってくれました。

父親自身も、そういう思いで、人生を過ごしてきたからです。

この時に、資本金を9千9百万円に増資しました。


自転車操業を続ける中、内部からも不満と不平の声が起こりました。

「会社は、従業員のことを考えてくれているのか?」

「社長のやり方には、もう付いていけない」

「今日で辞めさせてください」

あっという間に120人いた従業員が、半分の60人にまで減りました。


パートさんは、何も言わずに、そのまま残ってくれました。

創業時、ひとりでゴミを燃やしながら、寂しさを感じていた時のほうが、ずっと気が楽だと思えました。戻りたいとも思いました。

しかし、こんな状態でも、付いてきてくれるスタッフが、まだ200人以上もいる。

これが自分の心の支えでした。

従業員＝労働力ではない！残った仲間と一緒に、新たな一歩を踏み出す

「国産大豆高騰事件」が起きる前から、従業員との距離は広がり、不協和音は鳴り始めていました。

拡張に伴って、毎年、新入社員を十数人採用していましたが、気がつけば、皆2〜3年で退職。経験者が育たず、現場では出荷ミスや印字間違いが頻発し、クレームも増えていました。

人が増えると必ず起きる人間関係のトラブルや、経営者への反発に対して、「面倒くさい」と思う気持ちが働き、向き合うことを怠っていたからです。現場に顔を出す時間が少なくなり、当然会話も減っていきました。

この頃の私の考えは「従業員＝労働力」でした。

従業員も店舗も少なかった頃は、お互いに企画のアイデアを出し合い、意見をたたかわせ、夢を語り、酒を飲み、
「この数字出すの、大変だけど、頑張ろう!」
「あの商品、すごく好評で、また注文増えたよ!」と、
お互いの苦労や喜びを分かち合っていました。皆がいつも顔が見える距離にいました。

この頃の私の考えは「従業員=仲間」でした。

「つぶれるかもしれない」会社に残ってくれた社員の中には設立当時に入社した仲間がいました。現在の専務と製造部長です。
創業時に一緒にやっていたことを、
昔を懐かしむのではなく、もう一度始めることができないか?

今の思いを伝えて、石川伸という人間と、

「おとうふ工房いしかわ」という会社を、改めてきちんと知ってもらおう。

第二章

「もの」づくりのブレない基盤

ものづくりの基盤は、決してブレないこと

「おとうふ工房いしかわ」経営の最大危機となった、平成16、17年の大豆価格高騰、その後も高値安定期が続きました。同時に従業員の退職者続出など別の面の問題もわかってきました。こうした難局を乗り越えて、会社は次の段階を迎えます。ここからを第二章として、会社をどう立て直していったのか、商品はどう展開したか、スタッフに対して、何を働きかけていったのか、などを掘り下げていきます。

磯貝　「おとうふ工房いしかわ」の経営術をより詳しく知るために、いろいろな面でいしかわさんの仕事に関わっているスタッフで「まっすぐ経営術研究会」を結成しました。第二章からは、社長のお話に参加させていただきます。よろしくお願いします。

石川　よろしくお願いします。

磯貝　社長は経営術を話す際に「もの＝ものづくり」「ひと＝人間関係」「コト＝貢献」という言葉を使われますよね。そこでこの

3つを視点として考えていく予定です。まずは製造業の基盤である「もの」から進めていきたいと思いますが、最初からズバリ質問。「おとうふ工房いしかわ」の、ものづくりの信条は、どこに置かれていますか？

石川　「子どもに食べさせたいものを作りたい」ということですね。

市橋　国産大豆とにがりの豆腐づくりに取り組み始めた頃からの目標ですね。まだ幼かった息子さんが工場の片隅、離乳食代わりにおとうふを食べる姿を見て心に誓った、とうかがいました。

石川　そうです。現在弊社には「旨い、安全、安心」というキャッチフレーズや、「すべての人を幸せにしたい」という社是がありますが、その出発点は「子どもに食べさせたいものを」なんです。また25周年という節目に、これまでを振り返ってみても、

年商50億、ブレない経営を多方面から考える

まっすぐ経営術研究会（略称・ま経研）
対談参加メンバー

磯貝剛成
とうふプロジェクトジャパン代表。「とうふマイスター」制度を立ち上げ、国内だけでなく、香港、韓国などでも、豆腐の魅力を伝える。

市橋照子
食を中心に雑誌や単行本を手がける、エディター。岐阜出身、東京在住。今回の取材時から地元スーパーで、いしかわさんの豆腐商品を探すのが楽しみになったとのこと。

原久美子
「おとうふ工房いしかわ」ＭＤ部マーケティング室課長。オフィス内で、石川社長にいちばん近い席で、忙しい社長の言動をみている。

試行錯誤のたびに立ち返り、くじけそうな時は支えになってくれた、大切な言葉です。

磯貝　原点であり、同心円の中心ですね。決してブレない核があることで、会社のいい形で成長していきますね。

石川　カッコよく言うと、そういうことになるのかな（笑）。でも、それはあくまで結果論なんですよね。親だったら、子どもには安全で安心なものを食べさせたいと思うし、それがおいしいものだったら喜んで食べてくれる。子どもにとって安全、安心なものは、大人にとっても安全、安心。食品を製造する者の、当然の努めだと思ってやってきただけで。

市橋　今でこそ、食品の安全性は当たり前になっていますが、当時はメジャーな考えではありませんでした。そこに着目して、いち早く取り組まれたのは、石川社長の先見性のなせる技かと。

石川　いや、いや。第一章でも話しましたが、とにかく人に恵まれたんですよ。知人が自然食のお店を紹介してくれたおかげで、国産大豆とにがりの豆腐に出会い、食の安全性の大切さに気づかされました。それをきっかけに豆腐が売れるようになって、仲間やお客様とつながりがどんどん増えていきました。今ある商品も、そのつながりの中で生まれたものがほとんどです。

磯貝　それにしても、いしかわさんの商品ラインナップは実に幅が広いですよね。「国産大豆とにがりの豆腐」のような、直球勝負の商品もあれば、湯葉寄せとうふや山芋寄せ豆腐のようなアイデア商品もあります。さらに、パンやデザートやお菓子まで製造されていて、それらのアイテム数も多い。豆腐でこんなにいろんなことができるのかと驚きます。

石川　僕はね、おもしろいことをやるのが好きなんですよ。もちろん、お客様に喜んでいただきたいとか、食の安全性は必須です。その上で、作る側も楽しまないと、長くは続かないと思うんですよ。僕だけじゃなくてスタッフもね。お客様の喜ぶ顔と同じくらい、スタッフが楽しそうに働いてくれる顔が見たいんです。

市橋　食卓を彩り、みんなを楽しませる。いしかわさんのお豆腐は食材という域を超えて、ひとつのエンターテイメントですね！

石川　「豆腐はエンターテイメント」。その発想はなかったなぁ。いい言葉だね。これから使わせてもらおうかな（笑）。

市橋　ぜひとも。おもしろいことを思いついても、実際に製造して一定の売り上げをキープするのは、簡単なことじゃありませんよね。時代の流れやニーズを察知して製造方法を研究し、場合によっては、多額の設備投資も必要になります。石川社長はご自身ではおっしゃいませんが、かなりの手腕をお持ちだと思います。

石川　そうかな。手腕があったら、会社が傾いてなかったと思うんだけど（笑）。でも、私の口からひとつ言えるのは、「豆腐からは絶対にブレない」ということじゃないでしょうか。

原　社長は時間があれば本や新聞を、集中して読んでいますよね。特に新聞の小さな記事で、パッとアイデアを見つけて、よくつぶやいています。

石川　基盤がブレていないから、そういった小さな情報に嗅覚が働くというか（笑）。「石川さんは、いろんなことをやってるね」と言われますけど、すべて豆腐から派生したことなんです。逆に、多角経営で失敗した会社は、本業以外にまで手を広げた場合が多いんですよ。

磯貝　確かに、それは言えますね。本業から派生したものであれば、ノウハウもわかっていますし、投資も必要最低限ですみます。リスクが少ないですよね。

石川　そうですね。でも、リスクを先に考えただけではないんだけど。意気揚々と家業を継いだものの、思うように豆腐が売れなくて悩んでいた時、国産大豆とにがりの豆腐に出会い、これを完成させたら次につながる、また次につなげる、という思いでやってきた結果ですね

磯貝　やっぱり、まっすぐですね！　では「ものづくり」の視点をさらに細分化して、そこから見えてくる「経営術」を探っていきたいと思います。

核になる基点を動かさずに
大きく発展していく

できる目標から実現、拡大線はいつも「まっすぐ」

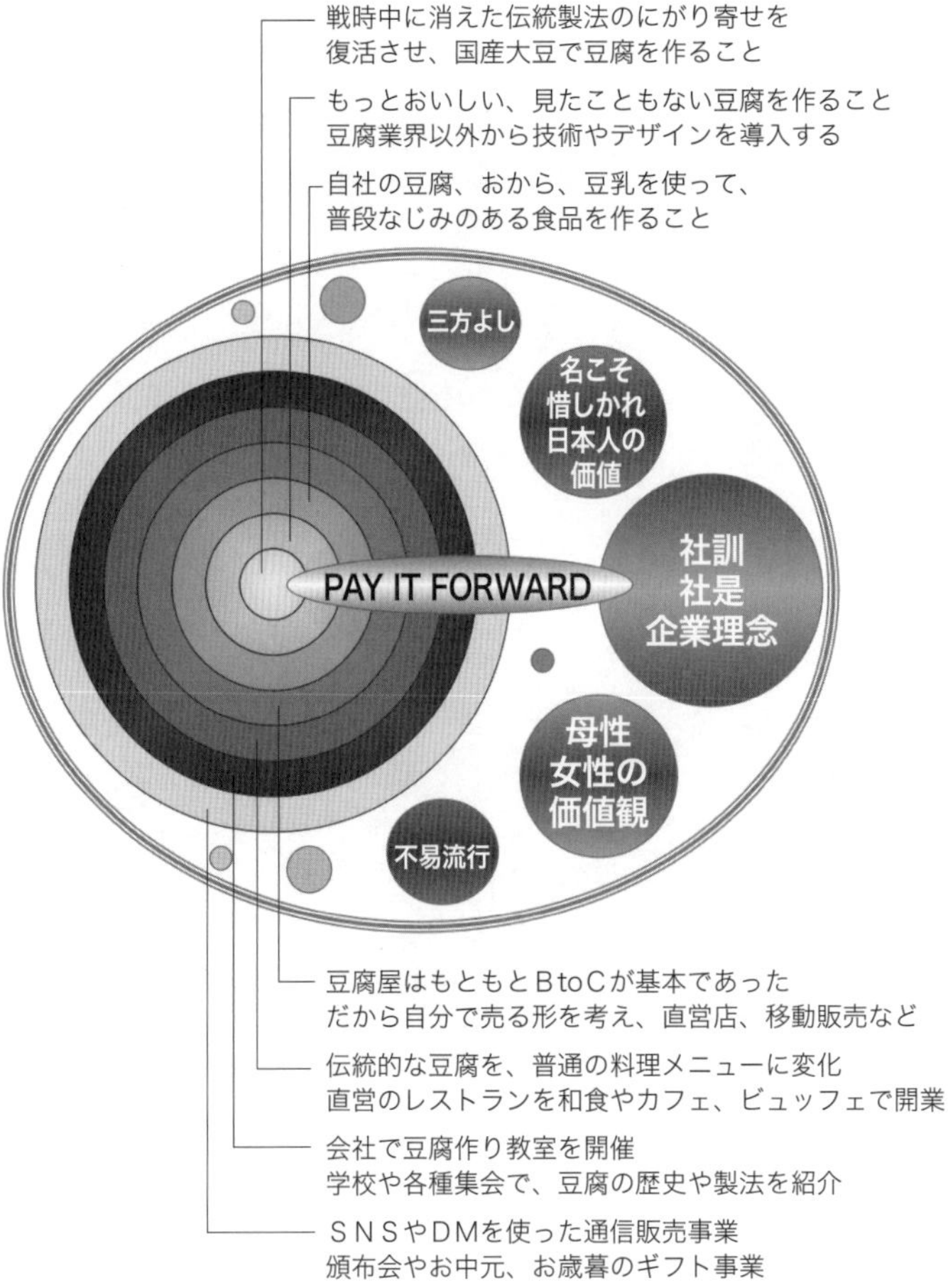
戦時中に消えた伝統製法のにがり寄せを
復活させ、国産大豆で豆腐を作ること
もっとおいしい、見たこともない豆腐を作ること
豆腐業界以外から技術やデザインを導入する
自社の豆腐、おから、豆乳を使って、
普段なじみのある食品を作ること
三方よし
名こそ
惜しかれ
日本人の
価値
PAY IT FORWARD
社訓
社是
企業理念
母性
女性の
価値観
不易流行
豆腐屋はもともとBtoCが基本であった
だから自分で売る形を考え、直営店、移動販売など
伝統的な豆腐を、普通の料理メニューに変化
直営のレストランを和食やカフェ、ビュッフェで開業
会社で豆腐作り教室を開催
学校や各種集会で、豆腐の歴史や製法を紹介
SNSやDMを使った通信販売事業
頒布会やお中元、お歳暮のギフト事業

すべての人を幸せにしたいから「子どもに食べさせたいもの」を作る

私が考える「子どもに食べさせたいもの」は、食の安全性とおいしさを兼ね備えたものです。弊社のキャッチフレーズである「旨い、安全、安心」ですね。

食の安全性は食品製造業者の責務ですが、豆腐は食卓に上がる回数が多いですから、なおさら気を配らなくてはいけません。

子どもは、食べたもので日々、体が作られていきますから。

そのため、弊社ではすべて国産大豆を使っています。豆腐だけでなく、大豆を原料とする商品すべてです。単に「国産」というだけでなく、栽培面でも安全性が確保できるよう、契約購入をしています。

豆腐を固めるにがりや、豆腐以外の商品に使われる材料、塩や砂糖などの調味料、小麦粉や米粉などもすべて、安全性が確認できたものを使用しています。

「おとうふ工房いしかわの商品は安全、安心」と、自信を持って言えるからこそ、おいしさにこだわりを持つことができます。

大人は、安全で体にいいものであれば、許容範囲が広く、少々うまみが欠けていたとしても食べます。でも、子どもはそうはいきません。

親御さんにとって、子どもが食べてくれないほど困ることはありません。

先ほども言いましたが、豆腐は食卓に上がる回数が多い食べ物です。お手頃価格で、冷ややっこでしたら手間いらず。サラダや煮物やみそ汁、鍋など季節を問わず使えます。また、高タンパク低カロリーと栄養面でも優れていますから、積極的に取り入れたいという方も多いと思います。

そんな優秀な食材だからこそ、子どもに「おいしい！」と喜んで食べてもらいたい。

「子どもに食べさせたい＝子どもに食べてもらいたいもの」なのです。

もちろん、弊社の商品を買ってくださるお客様は、お子さんのいらっしゃる方だけではありませんし、あらゆる年齢やライフスタイルの方々に喜んでいただきたいという思いで作っています。

それでも「子どもに食べさせたいものを作る」を信条にしているのは、家業を継いで間もない頃の思い出があるからです。

地元の小学校からの依頼で、豆腐教室を開いた時のことです。

子どもたちは、初めての豆腐作りに目をキラキラと輝かせていました。

失敗しそうになった子どもに「こうすれば大丈夫だよ」とアドバイスすると、「お豆腐屋さん、すごい！」と本当にうれしそうな目で見てくれました。

でき上がった豆腐を「おいしい！」「できたてだね！」と夢中になって食べていました。

その光景を見て

「豆腐屋は豆腐を作って売るだけではない。豆腐屋は人を喜ばせることができる。その笑顔が豆腐作りの活力になる」と気づかされました。

私にとって日常であった豆腐作りや、コンプレックスを拭いきれなかった「豆腐屋」という職業に対する価値観を、大きく変えてくれました。
子どもの笑顔は、「おとうふ工房いしかわ」の大切な原点です。

弊社の豆腐はサイズが大きめです。一人分ずつ小皿に盛るのではなく、食卓の主役として大皿に盛って、テーブルの真ん中にどーんと置いて、みんなでわいわい取り分けながら食べてほしいからです。

私に活力をくれた子どもの笑顔が、弊社の豆腐を通してお客様や家族に広がって、みんなも元気になってくれたら。その元気が、さらにまわりの人たちにも伝わり、笑顔の輪がどんどん広がっていったら、こんなにうれしいことはありません。

「子どもに食べさせたいものを作りたい」という先には、そんな大きな夢があり、「すべての人を幸せにしたい」という社是につながっています。

心が喜ぶ、心でつながるサービスをお客様の対話の中から見つける

どんな会社でも、自社の商品を選んでもらうためのサービスを考えます。値段を下げる、増量する、おまけをつける……といった、お財布が喜ぶこともそのひとつですが、私は、お客様の「こんな商品があったらいいいな」という要望にこたえ、「こんな食べ方ができるんですね！」という感動を与えるという**「心が喜ぶ」ことを大切に考えています。**

そう思うようになったのは、第一章で書いたように、お店を広げていく中で、さまざまなアイデアを商品にしていったことからです。

品質のよいものを作り、お客様の心が喜ぶ工夫をすれば、値段を下げなくても買っていただけることを見てきました。

そして、お客様が喜んでくださることは、私にとって会社にとって、何よりの喜びであり、それが売り上げにつながることが、最善のあり方です。


「心が喜ぶサービス」には、いろいろあります。品質の向上、新しい食べ方の提案、調理の手間が省ける味つけといった、製品そのものに対するサービス。安心して納得して買っていただけるように、原材料をできるだけ細かく表示したり、商品の特徴やこだわりをパッケージにデザインすることも、サービスです。

これらを考える時、私は女性の視点を参考にします。豆腐購入のお客様は、圧倒的に女性が多いという理由だけではありません。男性に比べて興味の幅が広いからです。

私はおしゃべりが好きなので、お客様とよく世間話をするのですが、美容や健康、家事や育児、職場や学校やご近所など、各コミュニティーでの人間関係、グルメ、趣味、レジャーなど、本当に話題が豊富だと感じます。

でも話題は違っても「楽しい、うれしいと感じること」「嫌だな、困ったなと感じること」「時間やお金をかけてもいいこと、かけたくないこと」という価値感には、共通の尺度があります。

それがわかると「今、こういうことに注目が集まっているんだな」「こういう商品が求められているんだな」

「こういうサービスをしたら、より多くの人に喜んでもらえるんじゃないかな」ということが、自然とみえてきます。

「きらず揚げ」をかたいお菓子にしたのも、お客様との世間話の中で聞いた「最近のお菓子は柔らかいものが多く、子どもが歯がためできるものがなくて困っている」という何気ないひと言がヒントでした。

通販を始めたきっかけも「近くで買えるお店を教えてください」という1本の電話からでした。美容院の方がまとめて購入され、そのお店のお客様に販売されるという、思いがけない話もありました。

女性のコミュニケーションツールのすばらしさを知る機会はたくさんありました。


「こういうお豆腐があったら、手間が省けて便利だなと思うんです」

「○○味が流行だから、いしかわさんも作ったら売れるんじゃないですか」

といった、具体的な要望や提案よりも、

「私、便秘なんですけど、おからを食べてからお通じがよくなりました」

「にがりって、体にいいんですよね。もっと食べたいな」

「常温保存できるといい、賞味期限が長いとうれしい」

といった、少し抽象的な評価の声です。


「こんな商品を考えているんですけど、どう思いますか？」

と尋ねた時に返ってくる「ほしい」「いらない」という反応です。

それをもとに、素材をピックアップし、
どのような商品やサービスにするかを考えていきます。

お客様から「発想の種」をいただいて、私たちが「育てる」というイメージです。

商品開発にもつながることですが、既にある商品に並ぶものや、**流行を追っかけるものでは、今は驚きが少ない。**

「こんなお豆腐、初めて見た、どんな味がするんだろう?」

とワクワクしながら買い物をしていただくことも「心が喜ぶ」サービスです。

お客様のヒントから始まった通販部門の、「おとうふ定期便」では、毎月1回の季節に合わせた豆腐やデザートのセットで、入っているお豆腐を使った、管理栄養士さん監修のレシピを1、2点、提案しています。

季節感を考えて、栄養バランスがよく、その豆腐の持ち味を生かすことができる、そんなレシピが入っていたら、もっと喜んでもらえるという気持ちからです。

「届いたお豆腐に合ったレシピというのがいいですね」

「次はどんなレシピが入っているのか、毎回楽しみに待っています」

ご利用いただくお客様が増えていて、

「心が喜ぶ、心でつながるサービス」に間違いはなかったと感じています。

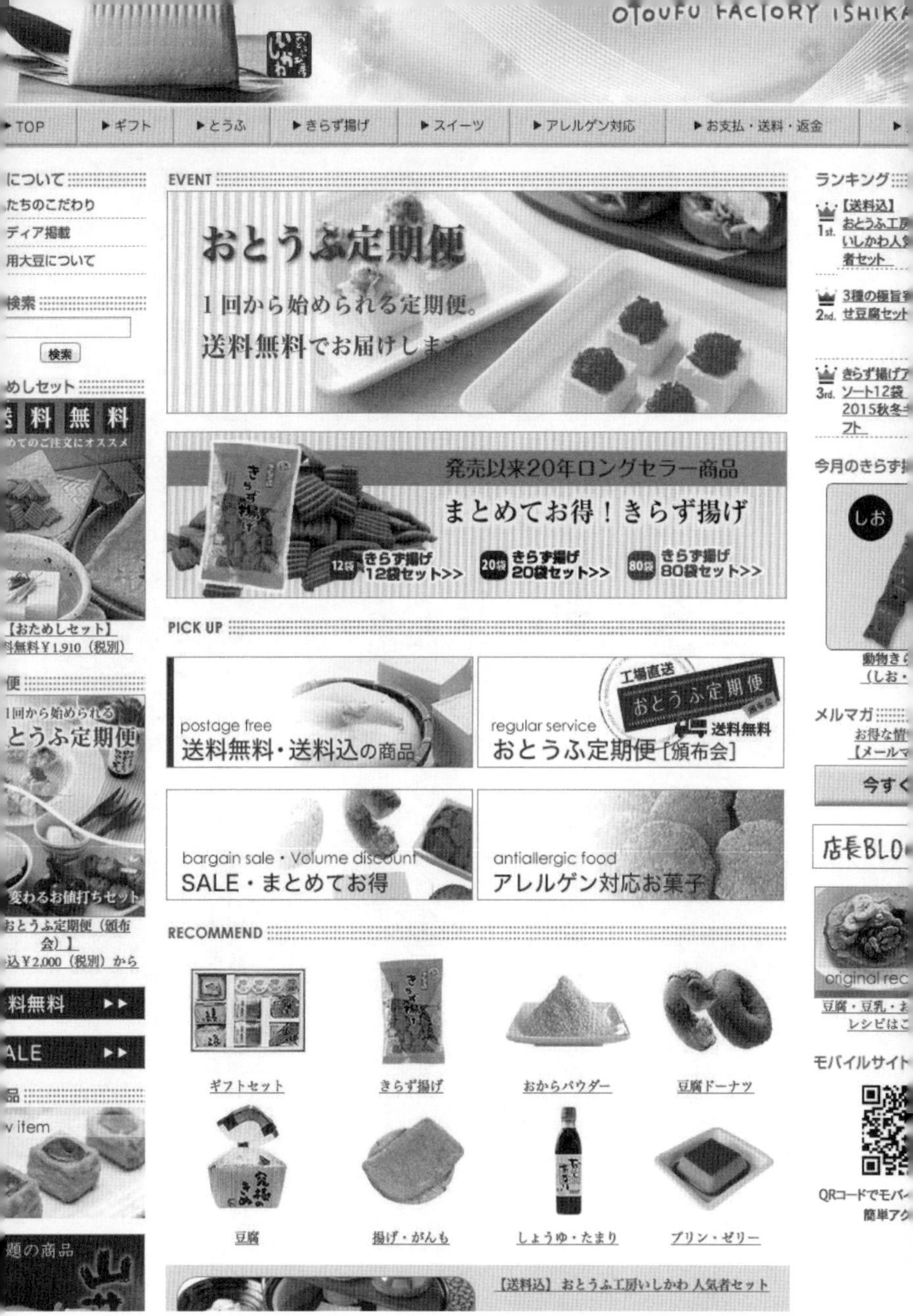
OTOUFU FACTORY ISHIKA
TOP
ギフト
とうふ
きらず揚げ
スイーツ
アレルゲン対応
お支払・送料・返金
EVENT
おとうふ定期便
1回から始められる定期便。
発売以来20年ロングセラー商品
まとめてお得！きらず揚げ
きらず揚げ 12袋セット>>
きらず揚げ 20袋セット>>
きらず揚げ 80袋セット>>
PICK UP
postage free
送料無料・送料込の商品
regular service
おとうふ定期便［頒布会］
工場直送
送料無料
bargain sale・Volume discount
SALE・まとめてお得
antiallergic food
アレルゲン対応お菓子
RECOMMEND
ギフトセット
きらず揚げ
おからパウダー
豆腐ドーナツ
豆腐
揚げ・がんも
しょうゆ・たまり
プリン・ゼリー
【送料込】おとうふ工房いしかわ 人気者セット
ランキング
メルマガ
モバイルサイト

Web の商品紹介ページ。おとうふ定期便はじめ、各種情報やレシピが満載

ひらめきと、食品エンジニアのスピリッツ「おとうふ四天王」に見る商品開発の心意気

弊社の豆腐には、いくつかのロングヒット商品があります。

その中でも、常に高い人気と売り上げをキープしている４つの商品を、社内では「おとうふ四天王」と呼んでいます。

これらの誕生の経緯を振り返った時、

「おとうふ工房いしかわ」の商品開発における共通点が見えてきました。


「おとうふ四天王」のうち2つは、第一章で「誕生秘話」を書いた、「究極のきぬ」と「至高のもめん」です。

この豆腐は「私自身が求める理想の豆腐の味」を形にしたものです。

素材の組み合わせや配合の比率、製造方法を考え、機器が開発されていない部分は、家庭用キッチン用品を代用して完成させました。

残りの2つは、「湯葉寄せとうふ」と「山芋寄せ豆腐」です。

「究極・至高」と同じように、完成までの経緯を詳しく紹介したいと思います。

「湯葉寄せとうふ」は、名前の通り、刻んだ生湯葉が入った寄せ豆腐です。湯葉は、豆乳を加熱させる際に、表面にできる膜を引き上げたものです。これを普及させたくて湯葉工場を作ったものの、当時、愛知県ではまだ、家庭で湯葉を食べる習慣があまりなく、思ったようには売れませんでした。そのため製造量を抑えざるをえず、湯葉工場は暇な状況。湯葉担当のスタッフには、他の商品の工場に手伝いに行ってもらうことが何度もありました。するとスタッフから

「私たちは湯葉担当なので、毎日湯葉を作らせてください」という声があがりました。

あっちこっちの工場に派遣され、そのたびに慣れない作業をするのは大変だったのでしょう。湯葉作りのキャリアももったいない。

申し訳ないことをしたなと思った私は、

どうしたら毎日湯葉を作れる状況になるだろうと考えました。

「じゃあ、湯葉を使った商品を作っちゃおう。寄せ豆腐の中に湯葉を入れたら、おいしいんじゃないかな」

さっそく試作に入りましたが、豆乳に刻んだ湯葉を入れて固めたら、湯葉が沈殿してしまいました。失敗です。

私がイメージしていたのは、寄せ豆腐の中に湯葉がまんべんなく散らばったものです。

湯葉が沈殿しない方法はないものかと考え、1つのアイデアが浮かびました。

豆乳が固まる寸前の「半熟」状態の豆腐に湯葉を入れ、

容器に充填してパックして、再加熱する。

これはまだ、日本の豆腐業界で誰もやっていないことでした。

前例がないため、技術も機器も確立されていませんでしたが、「この方法ならいける！」という確信がありました。「技術も機器もないなら、自分で開発すればいい」と「究極のきぬ」「至高のもめん」を作った時のように実験を重ね、機器を工夫し、湯葉を豆腐の中に散りばめることに成功しました。

湯葉を入れたことで、寄せ豆腐の柔らかさやみずみずしさが増し、予想外の大ヒットになりました。「日経ＰＯＳ情報サービス」の月間売れ行きランキング「風味豆腐部門」で、４位になりました。

「山芋寄せ豆腐」は、豆乳にすりおろした山芋を入れて固めた寄せ豆腐です。既存の商品をリニューアルしたもので、もとは四角いカット豆腐タイプでした。それなりに人気はありましたが、売り上げが伸び悩んでいました。商品開発チームの会議でリニューアル商品の候補にあがり、改めて食べてみると、おいしいけれど、山芋独特の風味やシャリシャリ感はあまりなく、中途半端な味。

人気が「それなり」だったのもうなずけます。

改良を決めて、製造工程を見直してみると、豆乳に山芋を入れる時、そのつど、業務用山芋ペーストの袋から必要な分量を手作業で取り分けていました。

改良策の一つとして「山芋の増量」を考えていた私は、

「必要な分量だけ分けて入れるのは手間でしょう。増量するなら、いっそ一袋全部入れてみたら」と試してみました。

山芋の含有量は以前の倍になり、山芋の風味がアップしました。すりおろした山芋のモチモチ感が出て一段とおいしくなりました。ここで問題発生、山芋の比率が上がったことで、カット豆腐として固めにくくなってしまいました。

そこで形状もリニューアルし、丸いカップに入れて、柔らかめに仕上がった寄せ豆腐として販売しました。

これが爆発的にヒットして、毎月10万丁も売れるようになりました。

「おとうふ四天王」誕生の共通点は、

「ひらめき」と、それを形にする「食品エンジニアのスピリッツ」でした。

おとうふ四天王

「究極のきぬ」は2011年（平成23年）以降5年連続で、モンドセレクション金賞を受賞。山芋寄せ豆腐、湯葉寄せとうふはそれぞれ使いやすいパッケージ入りでリピーターも多い

食卓を彩り、みんなを楽しませる豆腐はエンターテイメント

弊社では現在、定番と季節商品を合わせて、約300品を製造販売しています。豆腐、豆腐の加工品、豆乳やおからを使ったお菓子、デザート、パンと、商品ラインも多様です。弊社と同じくらいの規模の豆腐会社で、これほどたくさんの商品を手がけているのは、うちくらいじゃないでしょうか。周りからも「いしかわさんは、本当にいろいろなことをやるね」と言われます。

多種多様な商品を製造販売する一番の理由は、「お客様の食卓を彩りたい、楽しく食べていただきたい」という思いです。

どんなにおいしいものや珍しいものでも、いつも食べていると、普通になったり、飽きてきますよね。そこに、「いつもと違うもの」が登場すると、食卓に変化が出て、会話も弾むと思うんです。

また、豆腐はアレンジ次第でメニューが広がります。

おいしい豆腐をお届けするだけではなく、「食べ方のご提案」をするのも、豆腐屋の大切な仕事だと思っています。

弊社では、さまざまな「アレンジ豆腐」を考案し、

「豆腐百珍シリーズ」としてお届けしています。

お客様に好評をいただく一方で、スタッフからは

「社長、また新しい商品を出すんですか!?」

「作るこっちの身にもなってくださいよ(苦笑)」

と冗談半分のクレームが出ることもあります。そう言いながらも、アイデアを出し合い、試行錯誤を重ねる姿は、みんなイキイキとしています。

「やり甲斐」や「達成感」を感じられる日が多くなれば、スタッフも楽しいですよね。

「おとうふ工房いしかわ」をそういう職場にしたい。

これも、多種多様な商品を手がける理由です。

この思いは、日本で昔からいわれている価値観「ハレとケ」と重なります。

「ハレ」は冠婚や祭、年中行事などの「非日常」、

「ケ」は普段の生活である「日常」を意味します。

娯楽が少なかった時代、ハレは本当に特別で、心が躍ることでした。

ハレを楽しみにケを過ごし、ハレによってケの苦労を忘れる、
というリズムの中で暮らしていました。いわば、ハレは「彩り」です。

でも、今は娯楽が多く、毎日が「ハレ」のような時代です。

これでは「ハレ」を「ハレ」と感じられなくなってしまいます。

だからこそ、食卓や職場といった一番身近な日常に、

「ハレ」を演出することが大事ではないか。

「いつものおかず」を「新しいおかず」に、「いつもの仕事」を「違う仕事」にすることも、

現場の声

廣部里栄さん（MD本部商品開発室課長）

社長は企画会議で、よく「神が降りてきた！」「俺の頭の中ではこうするとおいしい！」という言い方をします。柔軟な発想力とひらめきは、いつどんな時でも豆腐のことを考え、新しいことにワクワクしている子どものような心があってこそだと感じます。真似してみたいと思うこともありますが、なかなかここまでの境地には達しません。

一方で、思いついたアイデアは単純なひらめきだけでは商品にはなりません。思い描いた商品を作るための製造の手順や技術論、お客様への商品の見せ方も含めて会議の中で議論してきます。

どうしたら思うような味になるのか、お客様に商品が伝わるのか、社長は今では直接製造現場に立つことはほとんどありませんが、豆腐の製造の技術論では今でも社内で右に出るものがいないほど研究熱心です。豆腐に限らず、別の業種の工場で見てきた製造の仕方や機械を応用して自社での製造に取り入れられないか、など食品エンジニアとしての一面もあります。

自分が思い描いたモノをどうやって形にしていくかという商品開発者としての醍醐味の部分を、社長とのやりとりの中で日々学んでいます。

今の時代の「ハレとケ」ではないか。

そう気づいて以来、一段と積極的に商品開発に取り組むようになりました。

でも、私は豆腐屋です。どんなに多種多様な商品を作っても、豆腐からブレたことはしません。豆腐を加工したり、豆乳やおからや大豆粉を主原料にするなど、豆腐から派生したものばかりです。

豆腐は、まだまだたくさんの可能性を秘めています。

「次はこんな商品を作ってみよう」

「こんなこともできるんじゃないかな」

次から次へとアイデアが沸いてきます。専門外に手を出す暇はありません。

食卓を彩り、みんなを楽しませる。

もしかしたら、私がいちばん楽しんでいるのかもしれません。

まさに「豆腐はエンターテイメント」ですね。

現場の声

牧野竜弥さん（営業本部 BtoC 事業部部長）

入社前に受けた面接時に「わたしの夢」を作文で持ってきてくださいと言われました。翌日、それを持って面接に行くと、こちらが予想しない質問がやってきました。

きっと、目的や目標を持っているのか、どういった人柄かを見抜かれていたのだと思います。他の企業で勤めていた頃に比べると、その時から、「この社長はちょっと違うな？」という印象を受けたのが正直な感想です。

店舗出店計画では、打ち合わせ時の熱い想いに引っぱられるように、「豆腐屋さん」という概念にとらわれることなく、とりめし専門店、ドーナツ専門店、パン屋さんなど、十年以上経った今でも刺激の雨がやみません。

石川社長の物事、視点のとらえ方には、いつも驚かされています。しかし、いつでも、その先にあるのは、「お客様を楽しませたい」という気持ち。

常に新しいことへの取り組みとスピーディーな対応が求められる部署ではありますが、その先にあるのは、会社パンフレットにもうたっている「心」という文字に込められた想い「わたしたちは、心と心をおいしい食べ物で結びます」その気持ちを多くの人に伝えていきたいと思います。

おとうふエンターテイメント

商品ができた頃のことを思い出しながら、
絵を描いて、線でつないでみました。
商品はもっと増えていますが、基本ラインは変わりません。

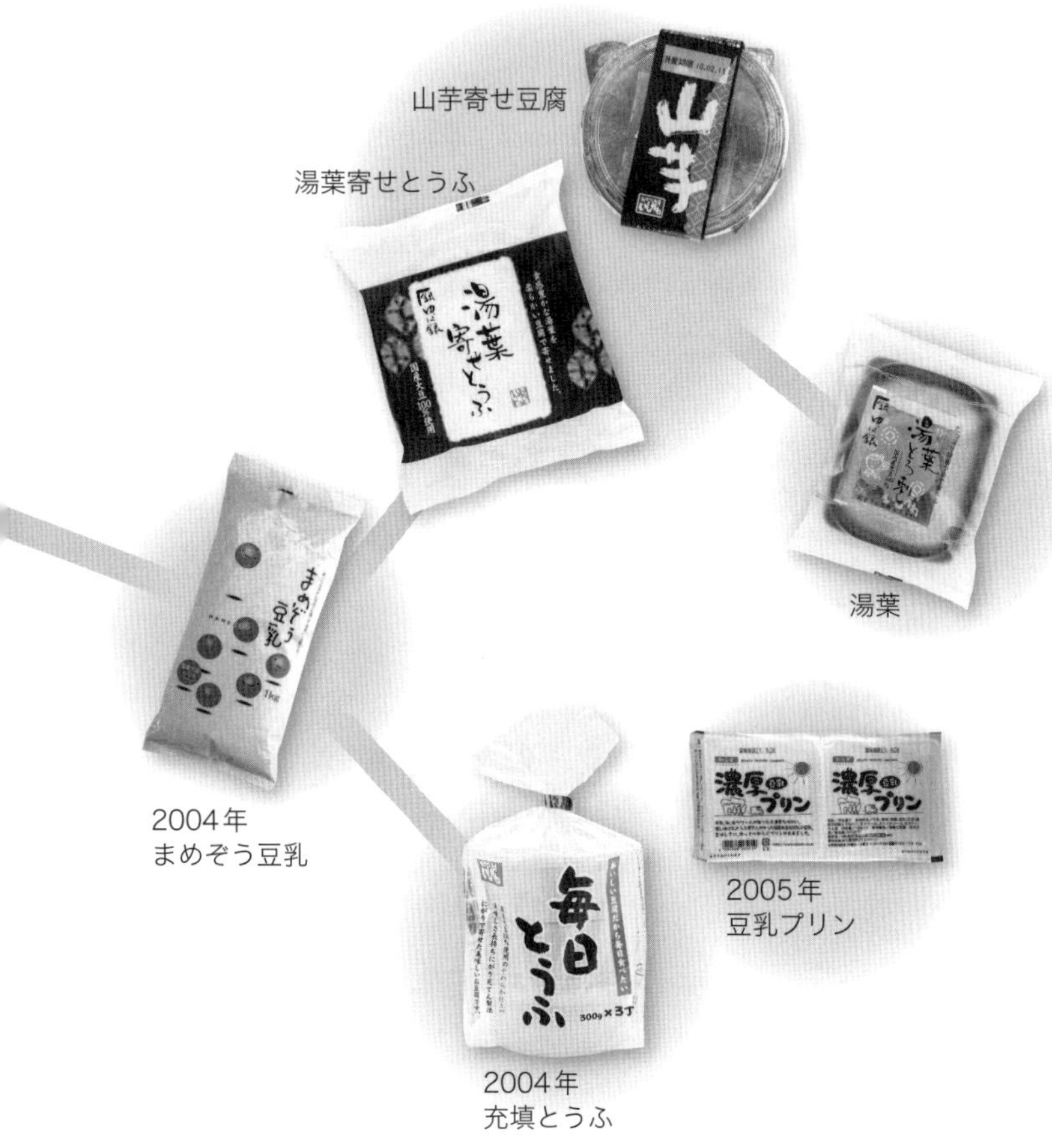

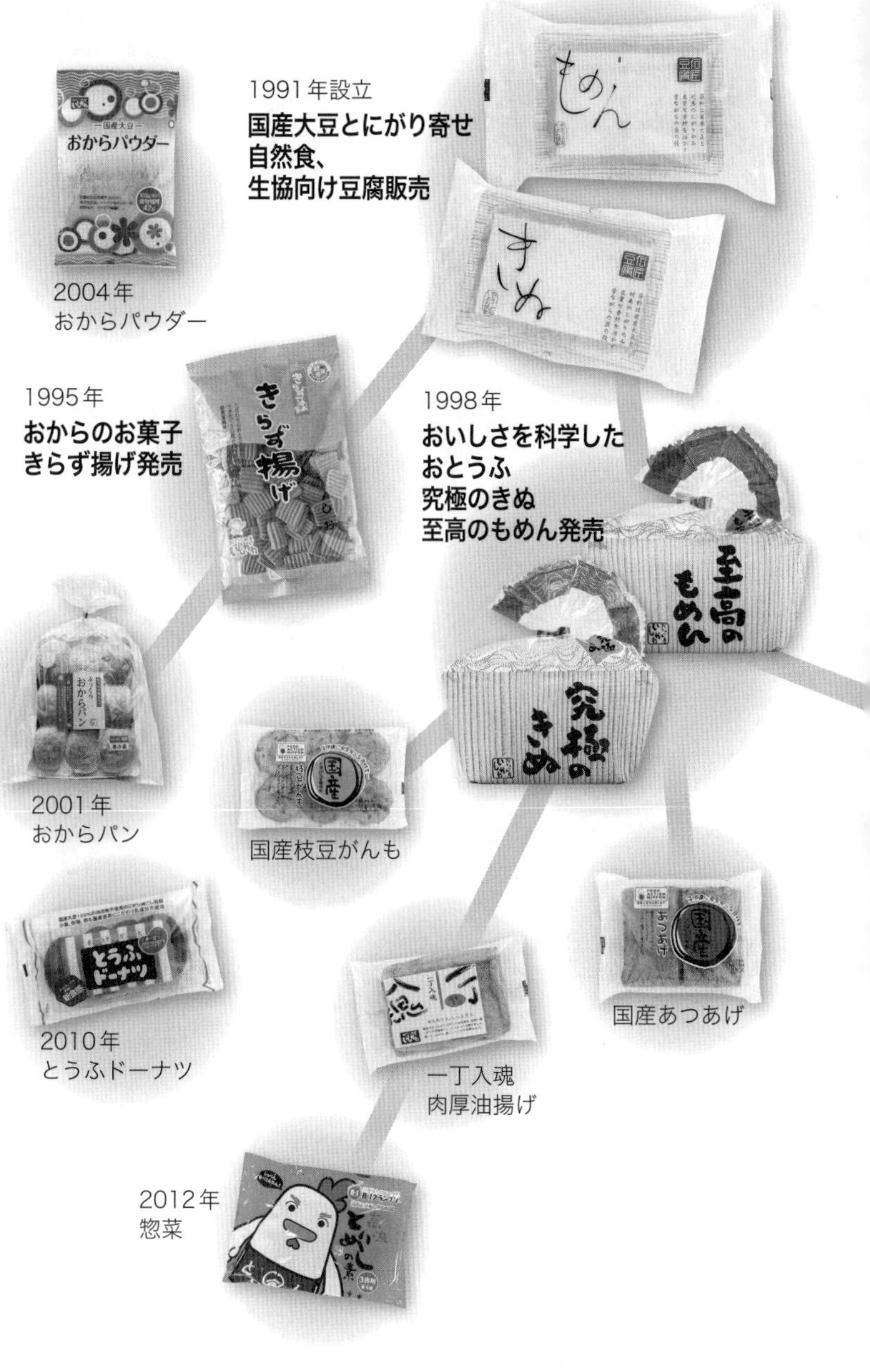
1991年設立
国産大豆とにがり寄せ
自然食、
生協向け豆腐販売
もめん
きぬ
2004年
おからパウダー
1995年
おからのお菓子
きらず揚げ発売
きらず揚げ
1998年
おいしさを科学した
おとうふ
究極のきぬ
至高のもめん発売
至高のもめん
究極のきぬ
2001年
おからパン
国産枝豆がんも
国産
国産あつあげ
2010年
とうふドーナツ
一丁入魂
肉厚油揚げ
2012年
惣菜

人気商品は、バリエーションをつける
新しい商品は読者ニーズを探る

「きらず揚げ」は、基本形は変えず、味の変化で楽しみます。塩やしょうゆという基本形に加え、黒砂糖味や濃厚キャラメル味など、研究や試作を重ね甘みを加えたものもあります。

お店でのディスプレイを考えたスタンドパックが登場し、「きらず揚げギフト」を意識した箱入りや、小さな袋入りも好評をいただいています。食べ方、贈り方を考えた展開で、前にお話しした「心をつなぐサービス」になります。

豆腐関係では、サラダやひとり鍋など、味を加えたメニューを

「豆腐百珍シリーズ」として継続しています。

味がついていると簡単だから、という理由からではなく、それぞれの味の背景には、いしかわの味のこだわりがあります。

「百珍シリーズ」は、全体に控えめな味つけなので、お年寄りやお子様だけでなく、若い方たちにも人気が広がって、サラダやあえもの、冷汁など、季節に合わせたメニューが増えています。

その他、通常より多いイソフラボンを含む豆腐、国産大豆の豆乳をベースに、白しょうゆを使った白和えの素など、豆腐屋ならではの工夫がこらされています。


その大きさと値段から、個食のイメージも持たれますが、私たちはあくまでも、家庭で囲む食卓の中心にあるお豆腐をイメージしています。

内容量や味つけは、そこがポイントです。

豆腐百珍シリーズ

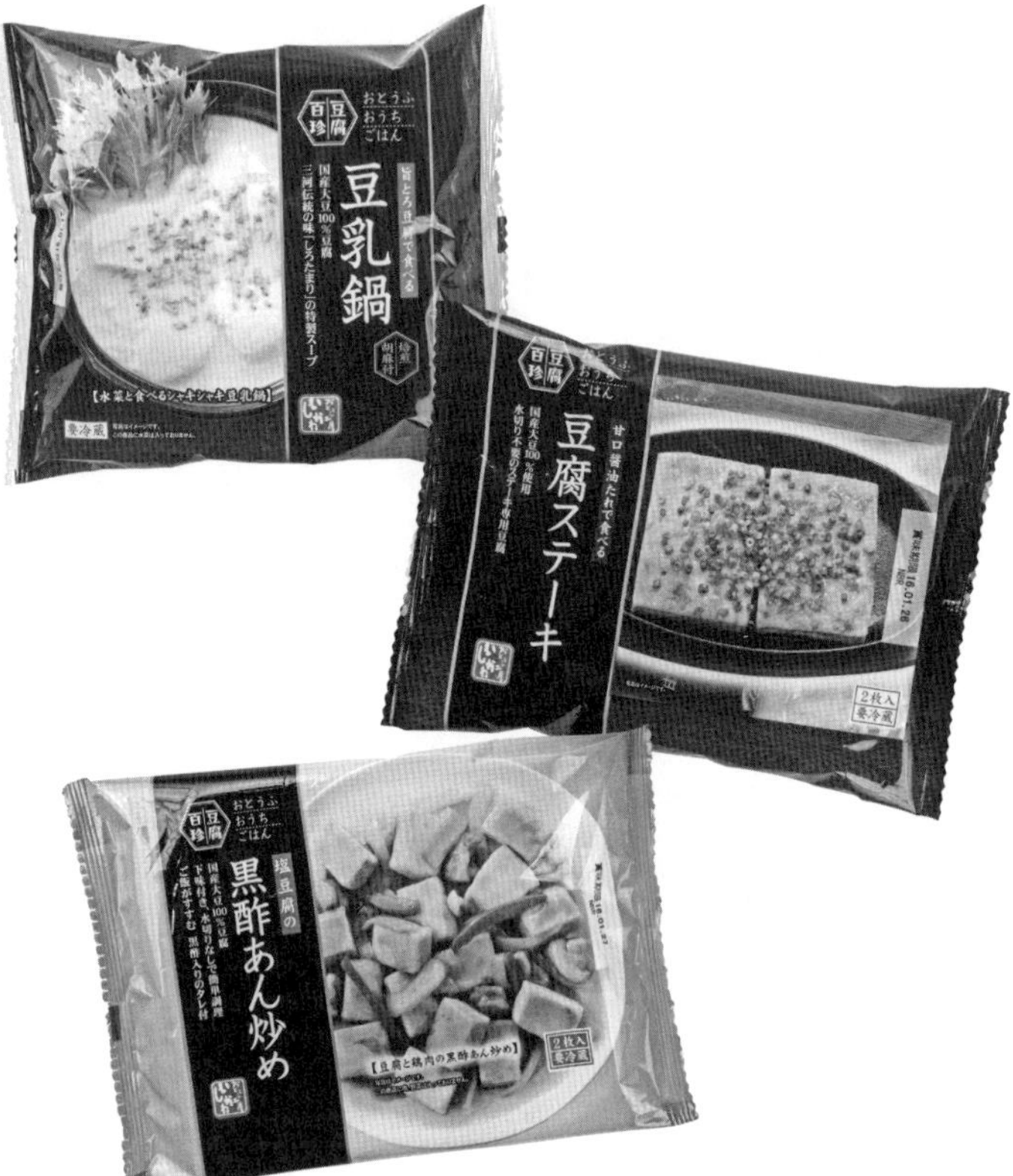

豆乳鍋は豆腐とスープが入っている容器が鍋になるので、レンジ加熱が楽。豆腐ステーキは水切り不用なので、調理時間の短縮になる。黒酢あん炒めは野菜を加えるとバランスのよいひと皿がすぐにできる。シリーズは他多数

豆腐屋ならではのアイデア、工夫がいっぱいの商品例

商品名	特　　徴
まめぞう豆乳	国産大豆で作った豆乳。お豆腐屋さんが作った、豆腐も作れる濃厚な豆乳です。大豆本来の甘みや旨みが感じられます。
まるごと大豆のとうふゆきぴりか	北海道産大豆ゆきぴりか100%。大豆をまるごと粉砕した大豆粉から作ったお豆腐です。大豆の繊維もまるごと入った、ほんのり甘いなめらかなお豆腐。通常のお豆腐の1.5倍のイソフラボンを含むお豆腐です。
まるごと大豆のとうふえごま油使用	北海道産大豆ゆきぴりか100%。1パック(150g)あたりえごま油が約4g含まれます。大豆をまるごと粉砕した大豆粉から作ったお豆腐です。えごま油とオリゴ糖を加え、滑らかに仕上げました。通常のお豆腐の1.5倍のイソフラボンを含むお豆腐です。
白和えの素	国産大豆の豆乳をベースに白練ゴマや白醤油を使って、滑らかな和え衣に仕上げました。お好みの食材と和えるだけで簡単に滑らかな白和えが楽しめます。ゴマの風味が活きた本格的な味わいです。
豆乳プリン絹こしプレーン	国産大豆100%の豆乳を使った豆乳プリン。乳製品を使用せずに、滑らかでコクのある味わいに仕上げました。卵と豆乳の素朴な風味と程よい甘さのプリンです。
豆乳プリン黒ごま	国産大豆100%の豆乳を使った豆乳プリンに濃厚な黒ゴマの風味を加えました。シンプルな原材料で素朴な素材の美味しさを感じられるプリンです。お子様から大人まで人気の黒ゴマ味。

「いくらまでなら出せますか？」値段を決める時は、お客様の財布に聞く

商品の値段を決める時、「適正価格」を判断基準にしています。
経費と利益のバランスが健全で、お客様が買い求められる価格、ということです。

弊社は「旨い、安全、安心」が実現できる材料を使っていますから、原料費が高くなります。またサイズが大きめということもあり、どうしても価格設定が高めになります。

私も消費者の立場になれば、安さは魅力です。
でも「安く売る」ためには、何かを削らなければなりません。

先にも書きましたが、「旨い、安全、安心」を実現するために、原料費を削ることはできません。だからといって、人件費を削るとスタッフに負担がかかります。これは、食品事故につながる恐れがあります。お客様とスタッフのことを考えて、利益を度外視したら、会社が潰れてしまいます。経営者としては、どこも削れません。


経費と利益のバランスは、経営データで計ることができます。問題は「お客様が買い求められる価格」です。

お客様アンケートや、シンクタンクの分析データなどを参考にする会社もありますが、私は、お客様の財布に聞きます。どういうことかというと、なじみのお客様に「今度、こういう商品を販売するんだけど、いくらまでなら出せる?」

弊社の「ものづくりの姿勢」を十分理解して、値段も納得して、いつも購入してくださっている方のご意見は、膨大なアンケートの集積より現実的で、参考になります。

「いしかわさんのところなら、○○円払ってもいいわ」という返事が返ってきます。提示される金額も、私たちが「これくらいの値段で販売したいな」と思うものと、大きな差はありません。

お客様と弊社と、お互いの「適正価格」が、ほぼ一致しているわけです。

営業や販売スタッフには「安売りはやめよう」と言います。価格設定が適正でも、販売の際に安くしたら意味がありません。

新人スタッフからは意見が出ます。

「安くした方が売れるんじゃないですか?」

「営業先でも、安くしてくれたら考えてもいいよと言われました」

私も同じ経験をしましたから、気持ちはよくわかります。

「じゃあ、安さ以外で、買ってもいいなと思うのは、どんな商品だろう?」と質問、

「すごくおいしい。すごく安全性が高い」

「こだわって作っている。他では売ってない……」などの答え。

「それって、うちの商品じゃないか?」

こんなやりとりを新人スタッフとすることもあります。

自分の担当商品に自信が持てると、商品の魅力を積極的にアピールしたくなります。

原材料や製造工程までさかのぼって説明するようになります。

営業先で「そんなにいいものだったら、考えてみようかな」

という声を聞くようになるんですね。

また、原材料までさかのぼることで、安全なものを生産するために、

農家さんがどれだけ手間ひまをかけているかもわかります。

「生産者さんのためにも、安く売ってはいけない」という意識も芽生えます。

農家さんも「旨い、安全、安心」を支えてくれる大切な仲間です。

値段は、農家さんにとっても「適正」でなくてはいけない。

弊社の価格設定には、そんな思いもこもっています。

販路の拡大方法と、ブルーオーシャン戦略

磯貝　「おとうふ工房いしかわ」のもの作りの信条と、商品開発のメソッド、価格設定についてのお話をうかがいました。次にその商品を「販売する」という内容の話に入っていきたいと思います。何度か出ている話ですが、いしかわさんのお豆腐は、他社と比べて、若干高い印象をうけます。それは商品に対する自信からでしょうか?

石川　自社の商品には、自信を持っています。ですから高い値段をつけるというよりも、安売りをしないということですね。そこに適正価格の考えがあります。

磯貝　経費と手間と利潤のバランスが適正、ということですね。

石川　そこに「お客様にとっても適正」を加えてください。どんなにいいものを作っても、お客様の財布に負担がかかる値段で販売しては、意味がありませんから。

市橋　そうですね。ただ、お客様が考える適正価格は、一人一人違うと思います。今

はもう、安ければいいという時代ではありませんが、依然、消費者の財布の紐はかたいと思います。それでもお客様が買う気持ちになるのは、「おとうふ工房いしかわ」のブランド力ですね。

石川 ありがとうございます。そして安売りしない理由は、実はもう一つあるんです。安売りで他社さんの棚を奪うようなことは、したくないんです。お互い、一生懸命頑張ってる豆腐屋仲間ですから。

磯貝 値段ではなく、やはり、質で勝負だということですか？

石川 どうかなぁ。いいものを作るのは当たり前のことで、それで他社と勝負しようという気はないんです。私は子どもの頃から争うのが苦手で、運動会のかけっこで順位をつけられるのが本当に嫌でした（笑）。

一同 ……。

市橋 でも、スーパーなどで見ると、デイリーな食品は、かなり価格競争・勝負の世界だと思うのですが。

磯貝 経営者の立場からすると、販路を広げて、売り上げを伸ばす責任がありますよね。勝負せざるをえないと思いますが。

石川 そういう時は、逃げちゃう。

市橋 逃げる？　どこにですか？

石川 豆腐屋がいない場所に。

磯貝 別の土俵・フィールドを探すという

ことですか？

石川　豆腐はいろいろな商品にアレンジがききますからね。お菓子にできるし、パンにもできます。

磯貝　別の土俵というのは、経営術でいうところの「ブルーオーシャン・レッドオーシャン」の考え方ですか？

石川　当てはめてみると、そうだなと思います。でも最初から「居心地のいいブルーオーシャンを探して見つけた。それはお菓子やパンだった」というのとは違います。同業者と同じ土俵で戦いたくないから、違う土俵も探すワケです。それに私としては、豆腐でいろいろなものを作るのがおもしろいから、という純粋な理由からですね。

原　前に社長は「豆腐のライバルは、マグロの刺身だ」とおっしゃっていましたよね？これも違う土俵という考えからですか？

石川　お父さんが仕事を終えて、帰ったらビールが飲みたいとするでしょ。じゃあ、おつまみは枝豆、冷ややっこという図式だとします。でも今日はがんばったから、自分へのごほうびとして、マグロの刺身がいいと思った時、「いや、今日は、いしかわの冷ややっこにしよう」と思ってもらうことが大事なんです。とかく、自分と同じレベルのものと戦いたくなるでしょ。勝負が半々だったら、自分よりずっと上と戦うことで、自分もスキルアップするんです。

市橋　なるほど、マグロの刺身か……。ちょっと視点を変えます。先ほどお菓子の話が出たのですが、たとえばドーナツを例にすると、これはまた今激戦ですよね？

石川 テイクアウトドーナツでは、ミスタードーナツが圧倒的シェアを持っていて、コンビニさんがＦＦ（ファーストフード）として参入してきました。一見同じにみえるところですが、背景が違います。コンビニは、利益高材のＦＦコーヒーを売るためのひとつのツールであって、朝客の満足度を高めたいという思いなんです。だからミスドをレッドオーシャンとすると、コンビニはブルーオーシャンなんです。でもその中で、ミスドは売り上げを落としていません。時代遅れといったフライドーナツが、これをきっかけに息をふき返し、新商品がどんどん出ています。負けたのは、ケーキ屋の焼きドーナツなんです。

市橋 ミスドかコンビニか、レッドかブルーか、という競争の考えでは、なかなかわからないところでした。

石川 新しいフィールドを探すには、物事の本質を見極める「力」を持つことが大切です。

原 その展開の仕方、社長はものすごく早いですよね。そして熱い思いがあるというか、「しぶとい」と見るか……。

石川 ピュアで熱い、と考えてほしいな。

磯貝 経営論でみると、差別化した後は、深く掘り下げていく段階があります。「ま経研」でも掘り下げていきましょう。

【まっすぐ経営術研究会】の分析

豆腐どうしの競争でみると、初期のレッドオーシャン・激戦区は大量生産品と考えられます。同業他社が輸入大豆、すまし粉で豆腐を作っているところで、「おとうふ工房いしかわ」は国産大豆とにがりにこだわった豆腐づくりをします。他社製品との差別化をはかることで、競争相手のいない「ブルーオーシャン」にポジションを確保、オリゴ糖と油脂を独自の技術で混ぜた「究極のきぬ、至高のもめん」の販売を始めてからは、豆腐どうしでは争わないという、新しいブルーオーシャンを展開してきました。

マーケットが成熟すると、製品の差別化だけでは売り上げ増に限界があります。次のマーケティング戦略は、ＳＴＰ（セグメンテーション、ターゲティング、ポジショニング）になりますが、「おとうふ工房いしかわ」は、大きく広がろうとする販売網を意識的に限定し、次のブルーオーシャンへ出ていく準備をします。ここで差別化のための深耕を考え、原材料の面では、国産大豆の産地を明確にして、直接的な契約を行い「顔の見える関係作り」をPRすること。

直営店を増やし、生協や自然食のカタログ販売ほか、販路を深耕拡大することで、新たなブルーオーシャンに進むことができるという構造です。

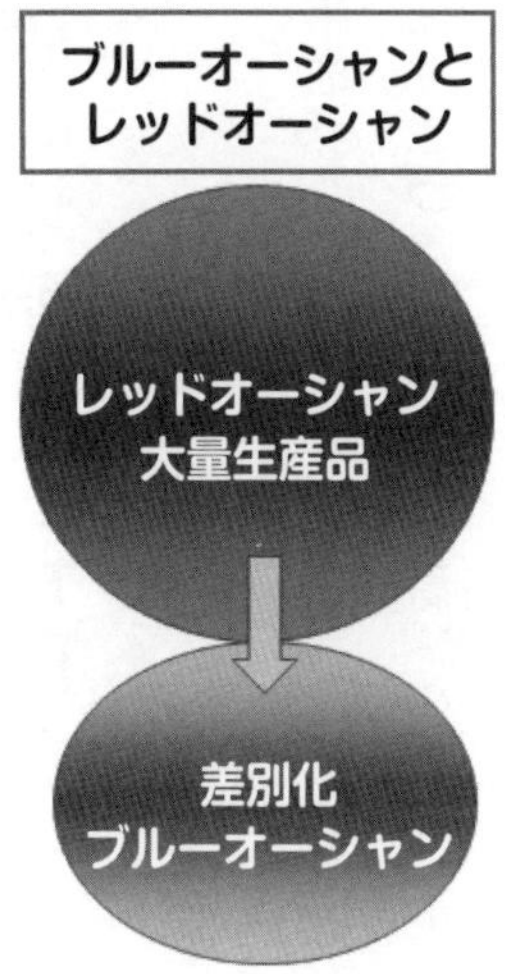

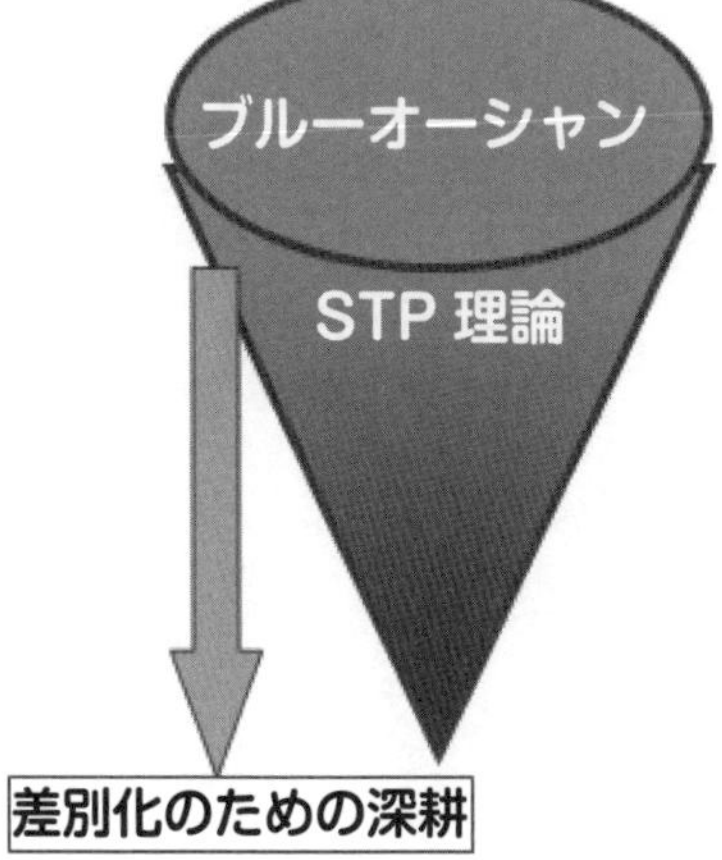

直営店舗の広がりと特徴づけ店の場所は三角形をイメージする

平成28年3月末の段階で、直営店舗は全国で30店になりました。「おとうふ市場大まめ蔵」のほか「とうふや豆蔵　おとうふ湯葉いしかわ」「おぱんでまめ蔵」など、名称を変えて、**それぞれの特徴や個性が出るようにしています。**

平成12年に1号店「とうふや豆蔵」を名古屋市にオープンし、直営店事業を始めてから、毎年のように新店舗を開いてきました。愛知県内から始めて、今は東京にもお店があります。

どれも直営店というのが大切で、私自身の目で確かめて、

「この場所なら、こうすればお客様に喜んでいただける」という視点と、同時に、今本社でやっている製造品目の方向性をダブらせています。この商品を売りたいから、こんな店を開く、という考えです。

愛知県刈谷市にある「とうふや豆蔵　刈谷銀座店」は、他の直営レストランとは違って、ビュッフェスタイルのお店です。

ここはスペースが広いので、ランチタイムのビュッフェが人気です。作りたて豆腐はもちろん、サラダや豆腐ハンバーグや揚げものや、デザート類も豊富で、女性のお客様がたくさんいらっしゃいます。

ビュッフェのメニューは種類が必要なので、レシピのアイデアを出し、試作をし、お客様に喜ばれる提供の仕方を考える……、
お客様の喜ぶ顔が直接見ることのできる、新しいタイプのお店は、提供する側にとっても、楽しい店にしたいと思います。

76ページで書いたように「心が喜ぶサービス」のひとつの形です。

新規店舗には、おもしろさが必要です。
愛知にセントレア空港ができた際も、出店しました。
「なぜ空港に豆腐屋が？」という疑問よりも、
「世界にひとつだけの、空港の中の豆腐屋はおもしろい」という
ポジティブな考えからです。

今年3月、東京に「とうふ屋豆蔵スカイツリータウン・ソラマチ店」を
オープンしました。
これも「東京でいちばん背の高い建物に、豆腐屋があるのがおもしろい」
という感覚です。
日本中、世界中の人が集まる場所なら、豆腐をトウフとして見ない、
たとえば、ごはんやめんのように食べられるという新しい発想で、
できたて寄せとうふが、いろいろなトッピングやソースで
食べられるお店作りを企画しました。

東京の場合は、駅の近くというポイントがありますが、
愛知県は車社会ですから、駅の近くというメリットはほとんどありません。
それよりも車で移動がしやすい、停めやすいことが大切です。
出店場所を決める際は、自社の既存店舗との距離を考えます。
調べてみると、買い物に使う車の移動時間はマックスで20分。
それよりも近い距離に別店舗があっても、共存は難しい。
そして幹線道路の直線距離では考えにくいので、
そのエリアでの3店めは、既存の2店に対して、
三角形をイメージして考えるようにしています。
そうすれば、次の店は3頂点のどの方向にも可能性があります。

お店を始めるというのはセンスが必要なので、出店の決定は早いですね。
スカイツリー店の時も、スタッフは皆「マジで?」と話していたようです。

店舗展開プラン

愛知県内の店舗図。地図上の円は半径４㎞。中央やや下に直営レストラン２号店「おとうふ市場大まめ蔵」がある。ビュッフェスタイルの刈谷銀座店は、その上側。近い距離ではあるが、店の性質はかなり違う。その西側にある「おぱんで豆蔵」は、豆腐メニューに加えて、焼きたてパンも味わえるお店。地図内の線路は新幹線と在来線。幅広いエリアで三角形をイメージし、お店の性格と合わせて、店舗が広がっていることがわかる

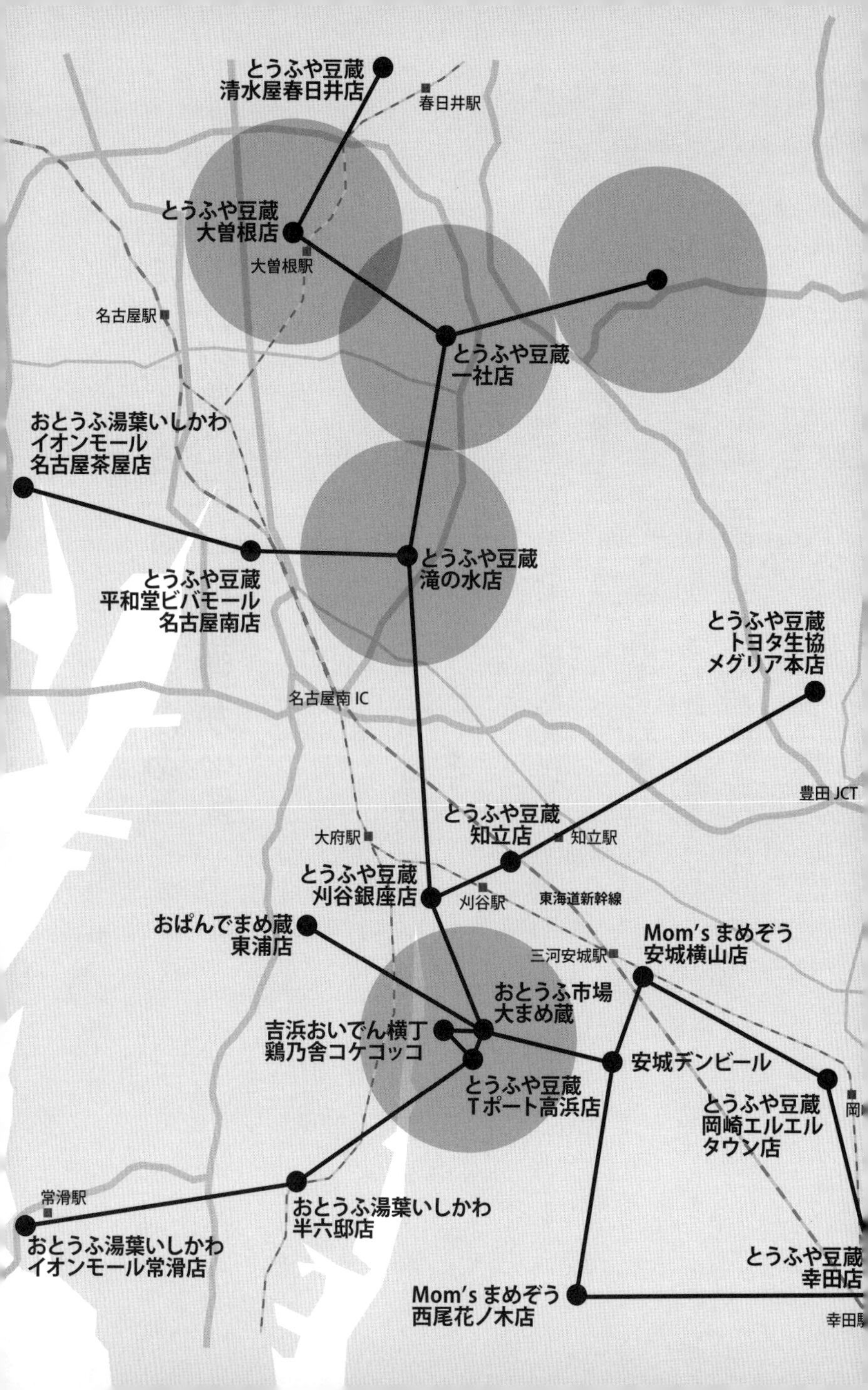

とうふや豆蔵
清水屋春日井店
春日井駅
とうふや豆蔵
大曽根店
大曽根駅
名古屋駅
とうふや豆蔵
一社店
おとうふ湯葉いしかわ
イオンモール
名古屋茶屋店
とうふや豆蔵
滝の水店
とうふや豆蔵
平和堂ビバモール
名古屋南店
とうふや豆蔵
トヨタ生協
メグリア本店
名古屋南 IC
豊田 JCT
とうふや豆蔵
知立店
知立駅
大府駅
とうふや豆蔵
刈谷銀座店
刈谷駅
東海道新幹線
おぱんでまめ蔵
東浦店
三河安城駅
Mom's まめぞう
安城横山店
おとうふ市場
大まめ蔵
吉浜おいでん横丁
鶏乃舎コケコッコ
安城デンビール
とうふや豆蔵
Tポート高浜店
とうふや豆蔵
岡崎エルエル
タウン店
常滑駅
おとうふ湯葉いしかわ
半六邸店
おとうふ湯葉いしかわ
イオンモール常滑店
とうふや豆蔵
幸田店
Mom's まめぞう
西尾花ノ木店

事業には「1、3、5」理論がある
売り上げ規模に応じた組織が必要

次のページにあるのは、「おとうふ工房いしかわ」の、期別売り上げグラフです。
大豆価格高騰期に、若干伸び率の低い年がありますが、
全体として、右肩上がりの売り上げになっています。

経営者として、食品をはじめとした製造業を見る場合、
「1、3、5」理論があります。
それは売り上げを、1億、3億、5億、10億、30億円、と、
「1、3、5」の数字を目標にし、次に進む計画を考えることです。
「1億、3億、5億、10億、30億、50億円」と増えるにつれ、

会社の規模に合った組織があります。
1億円は個人ひとりで行う限界ですし、3億円は家族経営として限界です。
5億円になれば経営者として立場が必要です。
10億円、50億円となれば、各階層の職能や専門的知識や技術が必要です。

企業は節目に「1、3、5の理論」に向かって組織を準備します。
まず器を作って新しいことを始めるなり、増産するなりしなければ、パニックです。
私たちもそのタイミングをはかって、新規の事業を開始しています。
25期を過ぎ、売り上げ50億円を超えた今、
次の100億円企業をめざして、全社の組織だけでなく、
多面的な見直しを行っています。
そのために営利だけのみならず、CSR(企業の社会的責任)やコンプライアンス、
ISO(国際標準化機構)の取得といったことに着手しました。

1、3、5の理論で発展してきた

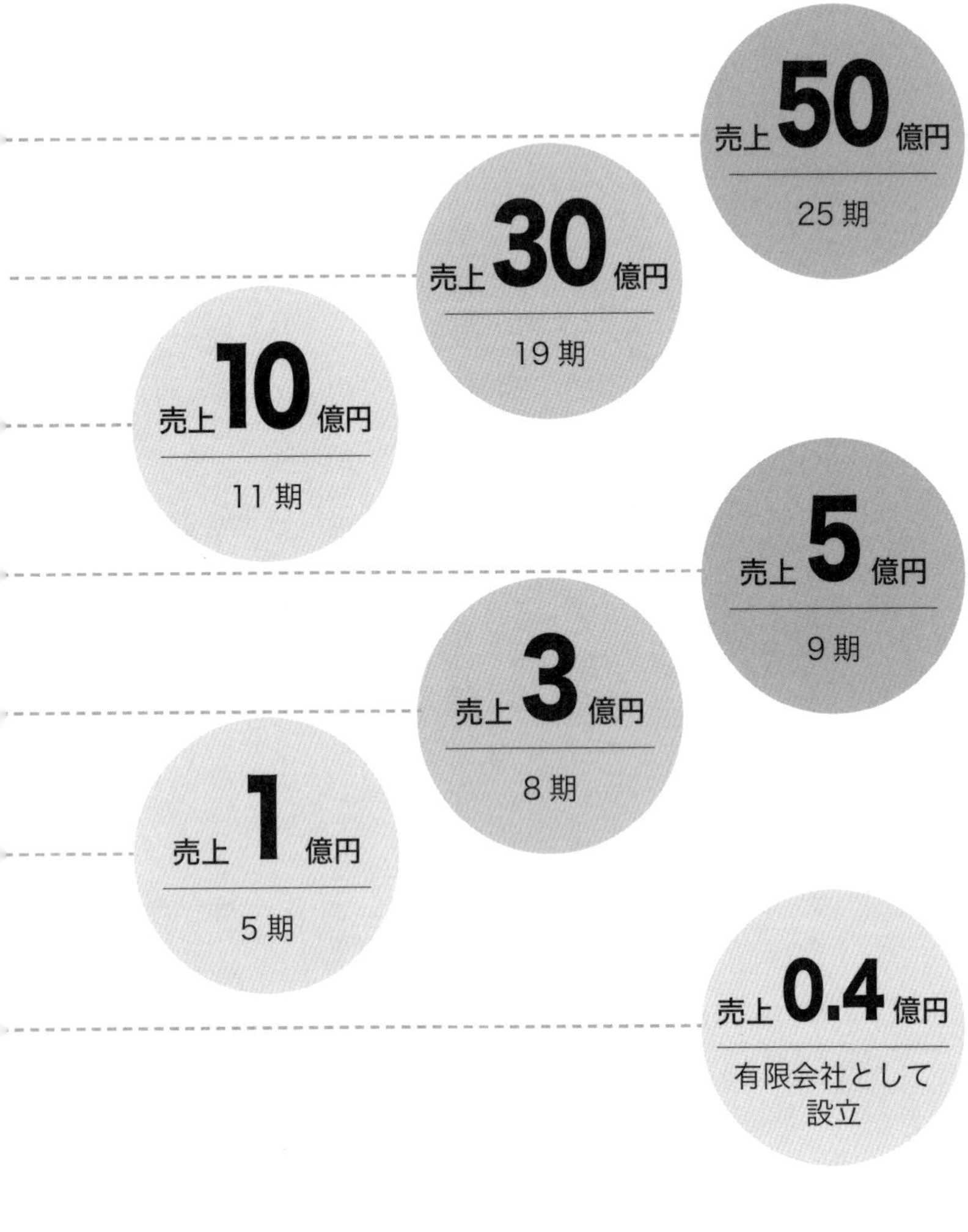

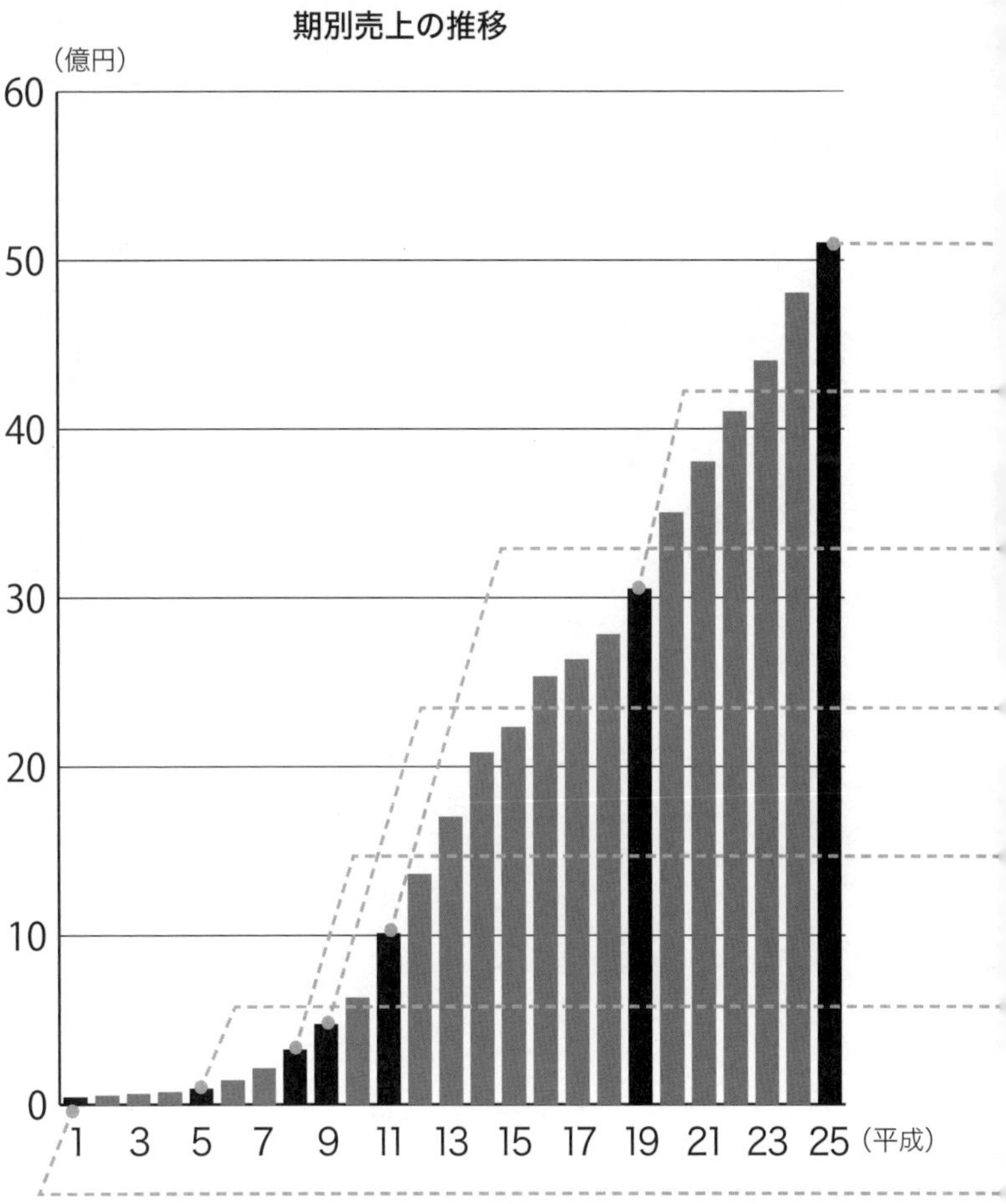

※売上げの指針となる年は棒の色が濃い

「ここぞ！」という時は惜しみなく投資 貯めずに回す、生きたお金の使い方

財務に関して、会社が成長するために私が心がけているのは、普段は無駄づかいをせず、「ここぞ！」という時には惜しみなく投資することです。

会社を設立した当時、年商3000万円という状況の中で、「日本一の豆腐屋をめざすためには、今、大量製造できる体制を整えておく必要がある」と5000万円の設備投資を考えました。父に相談すると、

「お前がよく考えて、5000万円必要だと思ったのなら、いいんじゃないか」と言いました。父は昔から「無駄づかいは絶対にするな。でも、

価値あるお金はどんどん使え。それが、お金を生かすということだぞ」

と言っていました。その言葉を指針に、これまでやってきました。

豆腐屋の息子として過ごす中で、自然に身についた金銭感覚もあります。

当時、豆腐は数十円でしたから、お客様の支払いも硬貨がほとんどで、店の銭箱にはお札が入っていませんでした。

銭箱に硬貨がいっぱい貯まると、数を数えるのが、小さい頃の私の仕事でした。

10円玉を50枚ずつ紙に包んで500円。

100円玉を50枚ずつ紙に包んで5000円。

小銭でもたくさん貯まると、大きなお金になることを知りました。

父はそれを信用金庫に預け、端数の硬貨はお客様へのおつり用に、銭箱に戻していました。こういう日常の中から

「お札は貯めて、大きな投資に使う」「小銭で原料を買う」という、お金の上手なやりくりを、知らず知らずのうちに学びました。

「お金を生かす」ためには、財務を俯瞰で見ることが大切です。

今、資金はどれくらいあるか、入金や支払いの時期はいつか、それが守られているか。
経費の内訳は、毎月、何に何パーセントくらいかかっているか、など
「お金の流れ」の大筋を把握するということです。

それがわかると、会社のために動かせる金額や、使えるタイミングが見えてきます。

財務状況に沿った事業計画や資金計画を立てることができ、
高額な設備投資をしても、流れが滞ることはありません。

会社が正常に運営できるということです。

逆に、お金の流れが把握できていないと、財務状況に見合わない設備投資をしてしまったり、投資額は妥当でも、支払いの時期に手元にお金がない、支払先に待ってもらわなくては、といった支障が発生します。

無駄づかいを防ぐのは、主に「光熱費」「水道代」「包装資材費」といった経費です。

これは、財務担当や現場に任せています。

「お金を生かす」という価値観を共有していれば、私がいちいち

「無駄づかいしないように」と言わなくても、自然に達成されます。毎月の経費の金額やその内訳といった「大枠」は、何か特別なことがない限り、大きく変わるものではありません。

経営者は「大枠」を把握して、そこから外れていないかを確認すればいいのです。

「お金を生かす」には、金融制度を知ることも欠かせません。

その中でも、融資制度は特に重要です。

今は融資の種類もさまざまあります。国産大豆価格の高騰で倒産の危機に陥った時は、必死に情報収集をしました。有識者や、取引先の西尾信用金庫、岡崎信用金庫、碧海信用金庫にも相談して、利用できる融資は、すべて利用しました。

あの時は、本当に苦労しました。しかし、そのおかげで、融資を申し込む際は「相手の気持ちも理解すること」という、非常に大切なことを学びました。

行政に補助金をお願いする機会もありました。

その時は大豆の栽培促進が必要とされていたので、

「弊社が設備投資をして、豆腐をたくさん作れるようになると、国産大豆の使用量が今より増えます。大豆の栽培量が増えます」と伝えました。

行政にとってもうれしいことですから、「それならば、出しましょう」と承諾していただくことができました。

このような「相手の気持ち」を理解することは難しいのですが、日頃から農林水産省の政策をチェックし、行政や金融機関の担当者との信頼関係の中で、情報を確かめていく必要があります。

こればかりは「ひらめき」でどうにかなるものではありません。

経営者の責務として、スタッフが頑張ってくれたおかげで手にできたお金を、しっかり生かしていきたいと思います。

「スーツ着ることって本当に少ないんですよ。ネクタイはなしでいいでしょ？」とカメラマンに聞く石川社長

【まっすぐ経営術研究会の分析】

資金繰りには次の3つのパターンがあります。

①もともと資本金が豊富にある。

②上場して資本金を増やす。

③少ない資本を循環させる。

「おとうふ工房いしかわ」は③にあたります。

資本を循環させるとは、キャッシュフローを意識するということです。

たとえば商売を行っていて待ったなしで経費として出ていくのは、従業員の給料です。この従業員の給料は、確保しなければなりません。日々が現金商売であれば、その支払いを確保するのはそう難しくはありません。小さな町の豆腐屋の時はまさに日々が現金商売でした。

しかし現在では、掛での仕入れ、掛での売り上げが多くなっています。

日々のお金の流れで大きく影響するのは、仕入れ支払いと売り上げ入金です。お豆腐は原材料である大豆を仕入れなければなりませんから、必ず仕入れが発生します。

そして売り上げは主に2種類あります。

流通などに卸す売り上げと、店舗などの直販の売り上げです。

一般的に流通などの売り上げは後からお金が入ってきます。

そうであれば、最初に出ていく従業員の給料分は、現金で入ってくる売り上げでできるだけまかなう、という考え方ができます。

売り上げの入金サイト(期間)も当社が力を持てば、短くしてもらうことができます。

仕入れのサイトも購買力が上がれば、長くしてもらう交渉力が持てます。

そのためには一定の規模の商売をしなければなりません。


また大手流通ばかりに目を向けると売り上げの入金サイトが長くなり、どうしてもキャッシュフローが悪くなります。

そのためには、現金で支払ってもいい、もしくは支払いサイトが短くてもよい、という取引先を見つけることが重要となってきます。

そのためには、それでも扱いたいという商品を開発し、それでも取引したい、という感謝される立場になることが重要です。

これらはいわゆる「自転車操業」です。マイナスイメージを持たれがちですが、入ってくるお金と、出ていくお金をしっかり運転できていれば、倒れることはありません。資本金が少ない中小企業には適した方法です。


ここで抑えるべきポイントがひとつあります。

循環させるだけでは、資本金がなかなか増えないということです。

増えるのを待っていては、設備投資の機を逃すこともあります。

そこで、石川社長は、他人資本である融資制度を上手に活用しました。

経済を活性化させるために行政が行っている、中小企業向けの補助金や助成金、融資制度などを組み合わせて、「ここぞ!」という時に設備投資を行っています。

融資制度は、国の経済状況によって変化するものです。会社にとって有利な融資制度の発足を、いち早くキャッチするには、金融機関の担当者と信頼関係を築くことも重要です。

「おとうふ工房いしかわ」は先代から地元の信用金庫と取引を続けています。年商が億を超えると、大手都市銀行から取引の依頼があります。しかし、石川社長は「先代から築いてきた信頼関係」を重視し、地元信用金庫との取引を続けました。信金の企業支援室とは長いつきあいです。この信頼関係の中で、金融のプロのアドバイスや新しい情報を得ています。国産大豆の価格高騰で危機に瀕した時も、金融機関のサポートを受け、乗り切りました。

「おとうふ工房いしかわ」には、「きらず揚げ」や「究極のきぬ」「至高のもめん」など、会社の屋台骨となるロングヒット商品があります。

これも会社成長の大きなポイントです。安定した売り上げで借入金を返済しながら、新たな投資(借入)で次の一手が打てるわけです。

地域の人たちと密接に交流できる、移動販売事業

移動販売車「くるくる豆蔵」が行く

朝市での元気な声かけ

揚げたての天ぷらも人気「刈谷銀座店」

「おとうふ工房大まめ蔵」の店先

おとうふ大好き

前掛けをした「ペッパー君」

第三章

顔の見える「ひと」とのつながりを大切に

組織力は、価値観が共有できる場で育む

磯貝　石川社長と「もの」の関わりをいろいろうかがってきましたが、ここからは、「ひと」の視点で「まっすぐ経営術」を探っていきたいと思います。企業の成長には、商品開発や売り上げと並んで、社員教育や組織力の強化も重要です。ここにコンサルタントを導入する企業も多くあります。いしかわさんはそれをされていませんが、それなのに、非常にまとまりを感じます。

石川　ありがとうございます。実は、人材や組織に関するコンサルタントをお願いした時期もありました。でもなかなか効果が出なかったんです。

磯貝　それは、いつ頃ですか？

石川　国産大豆の高騰による経営難をきっかけに、退職者が増えた時です。でも、一度、人の手に任せたことによって「こういうことは経営者自らやらないといけない」と学びました。そこから、いろいろ試行錯誤をして、今の形にたどりつきました。

磯貝　社員教育や組織力の強化で、一番大切なことは何だとお考えですか？

石川　お互いの「顔の見える関係」を作ることですね。

市橋　親睦を深めて、仲間意識を持つ、ということでしょうか？

石川　それも含まれますが、「お互いを理解して、認め合う」ということですね。

磯貝　相互に理解し合い、わかり合うことが組織を強くし、仕事を円滑に進めますからね。

市橋　職場の空気がいいと、仕事がしやすいですし、忙しくても「みんなで力を合わせて乗り切ろう！」という気持ちになります。逆に、ギクシャクしていると、本当に気が重いです。相談したいことがあるけど、しゃべりづらいな、いつ話そうかな……と緊張して、仕事に集中できないという経験をしたことが、私もあります。

磯貝　そういう従業員が増えると、生産性の低下につながりますから、会社にとっても不利益ですね。

石川　そうですね。考えてみれば、当たり前のことなのに、退職者が続出するという苦い経験を経て、やっと気がつきました。

市橋　ちょっと意外ですね。石川社長のお話をうかがっていると、会社設立当時から一貫して「顔の見える関係」を信条にしていらっしゃるように感じますが。

石川　設立当時は従業員が少なくて、工場も小さくて、何をするにもみんなと一緒でした。仕事も一緒、飯も一緒、企画を考えるのも一緒、慰安旅行は、従業員の家族も一緒。物理的に「顔の見える関係」でしたから、社員教育がどうこうと意識しなくても、価値観が共有できていたんですよ。

磯貝　でも、従業員が増えたら、そうはいかなかったわけですね？

石川　いや、「そうはいかなかった」ということにすら、気づいていませんでした。会社は右肩上がりで成長していましたから、価値観も共有できていると自信を持っていました。でも、実際はできていなかった。だから退職者が続出したんです。その原因は自分にあったとわかった時は、「経営者失格だ」と本当に落ち込みました。

市橋　では、今は、どのような方法で「顔の見える関係」づくりをされているのですか？

石川　若手スタッフは、2泊3日の農業体験で、文字通り同じ釜の飯を食べて行動します。私は毎回参加します。地域の方々をお招きする「夏まつり」や、子ども向けの「豆腐体験教室」をみんなで企画運営したり、一緒に活動する場を設けています。

市橋　楽しそうな企画ですね。

原　そこに注目しているのが社長です。いきなり「価値観を共有しよう」と言われても、ピンときませんからね。だからといって、「経営理論によれば、組織とは……」と説明を始めたら、具体的な話がつかめないスタッフもいると思うんです。

石川 ですから、そうした活動を通して、スタッフにはいろいろ認め合うことを学んでほしいと思っています。

磯貝 農業に触れて生産者の気持ちを理解したいと思うことや地域のお客様のことを考えたり、交流したりといった活動は、「おとうふ工房いしかわ」の業務と直結していきます。この活動を通じて、会社の理念を理解し、社員のみんなと共有すれば、同じ価値観で仕事ができるようになりますね。

原 プログラムも、すごく考えられているんですよ。若いスタッフを指導する立場として、とても助かっています。

磯貝 では、それぞれについて、詳しく見ていきたいと思います。

毎日笑顔で会社に来てもらいたい！
「顔の見える関係」づくりで働きやすい職場に

「ひと」において、最も大切にしていることは「顔の見える関係」です。
「顔を覚える」「声をかけ合う」「交流を深める」から一歩踏み込んで
「お互いを理解し、認め合い、信頼関係を築く」ことです。

会社は大勢の人が集まる場所です。年齢も考え方もさまざまです。
弊社には、社員だけでなく、たくさんのパートさんもいます。
でも「顔の見える関係」ができていると、どんなに大勢の人がいても、
ぶつかり合うことはありません。「声をかけ合う」が日常になっているだけで、
コミュニケーションもより円滑になり、働きやすい環境が生まれます。

職場環境がいいと生産性が上がるといいますが、それと同じくらい強い気持ちで、私は「おとうふ工房いしかわ」の信条や方針をみんなで共有して、やりがいを持って働いてもらいたいと考えます。

「おとうふ工房いしかわ」に入ってよかった、仕事をしていてよかったと、**毎日笑顔で会社に来てもらいたい。**

国産大豆の高騰で経営が傾いた時のことは、第一章で書きました。
経営難が引き金となって退職者が続出し、従業員の数は半分になりました。
不満や反発の声に対して、「どうしてそんなことを言うんだろう?」と思いました。

その時は、給与やボーナスを同業よりもたくさん出しているつもりでした。
経営難に陥ってからも、給与はきちんと支払っていました。
これほど大勢の従業員が去っていく理由がわかりませんでした。
そんな時、退職したスタッフから手紙が届きました。手紙には

「社長はテレビに出たり、雑誌に出たり、大企業のようなことをやっている」と書いてありました。確かに、何度も取材を受けました。

自社の商品や店舗が注目を集めて、みんな喜んでくれていると思っていました。

製造量を増やすための、号令を毎日かけました。

会社が大きくなって給与がアップすれば、みんなを幸せにできると思っていました。

それは、私自身のひとりよがりであったのかもしれない。

「私の勘違いだった？　どこかで道を間違えた？」

と、これまでの自分を振り返りました。


従業員の気持ちを理解していれば、思いを共有する努力をしていれば、こんなことにはならなかったはず。

数ある会社の中から「おとうふ工房いしかわ」を選び、希望を持って入社してくれたのに、がっかりさせてしまった。
2、3年で退職した従業員にも、申し訳ないことをしたと思いました。

取引先に対しても同じです。経営危機で、もう倒産かと言われた時に、「いしかわさんを信用してるから、取引を続けるよ」「社長、頑張ってこのピンチを切り抜けましょう！」と言ってくれたのは、父の代から時間をかけて信頼関係を築いてきた人たちや、私の信条を理解してくれている人たちでした。

この人たちとも「顔の見える関係」を維持していき、私を信じて仕事をしてくださる人たちを、二度と不安な気持ちにさせてはいけない。財務の立て直しと同時に、「顔の見える関係」づくりに取り組みました。

以来続けている試みに、社員全員に手書きの年賀状を送ることがあります。宛名を書きながら、一人一人の顔や働く姿を思い出し、今年も「顔の見える関係」でいられたか省みるためです。

「もし顔が思い出せない社員が一人でもいたら、その時は、社長を辞めるべき」そう思っています。

誰かの意見にのっかってもいいじゃない！「いいね！」ボタンを押して「共有」しよう

スタッフどうしが「顔の見える関係」であるために、私はこういう話をします。

「ミーティングで自分の意見が出なかったら、人の意見にのっかってもいいんだよ」

「自分と違う意見が出ても、それもいいなと思ったら共有しよう」

「難しく考えることはないよ。いいね！ボタンを押す感覚でいいんだよ」


何かひとつでも共有できる部分があると、人はつながることができます。

それをきっかけに、「相手を知ろう」という気持ちが生まれます。

その一環として、毎年正月、スタッフに「今年の目標」を書いてもらい、みんなが利用する階段の壁に掲示しています。

「社長、何を書いたらいいかわかりません」という人には、

「すぐに出さなくていいよ。みんなの目標を見て、参考にすればいいよ」

「いいなと思う目標があったら、いただいちゃっていいよ」と答えます。

心の中で「いいね！」ボタンを押してもらうわけです。

提出した人も、みんなの目標を知ることができますし、
自分と同じ目標の人がいれば、仲間意識も芽生えます。
この「今年の目標」は、長短問わず、壮大でも身近なことでも構いません。
ただ一つ決めているのは、
「仕事の目標は書かない。自分自身の生活や、人生の目標を書く」ことです。
なぜなら「自分の生活に満足できてこそ、仕事も頑張れる、
そしてまた満足のいく仕事ができる」と考えているからです。

「仕事で満足できていれば、人生も満足できる」という考え方もあります。
ただ「おとうふ工房いしかわ」の商品の舞台は、生活の中にある「食卓」です。
お客様の「食卓」を満足させたいと頑張っているスタッフの、
生活や人生の満足があって、仕事があってほしいと思います。

とはいっても、もちろん、仕事の目標を持つのは大歓迎。
仕事の目標を作る時は、チームで作ろうと話します。
目標を共有することで、チームの結束力が高まり、
個々の力を同じ方向に集めることができるので、成果も上がります。
そうなれば、仕事の面でも満足できます。

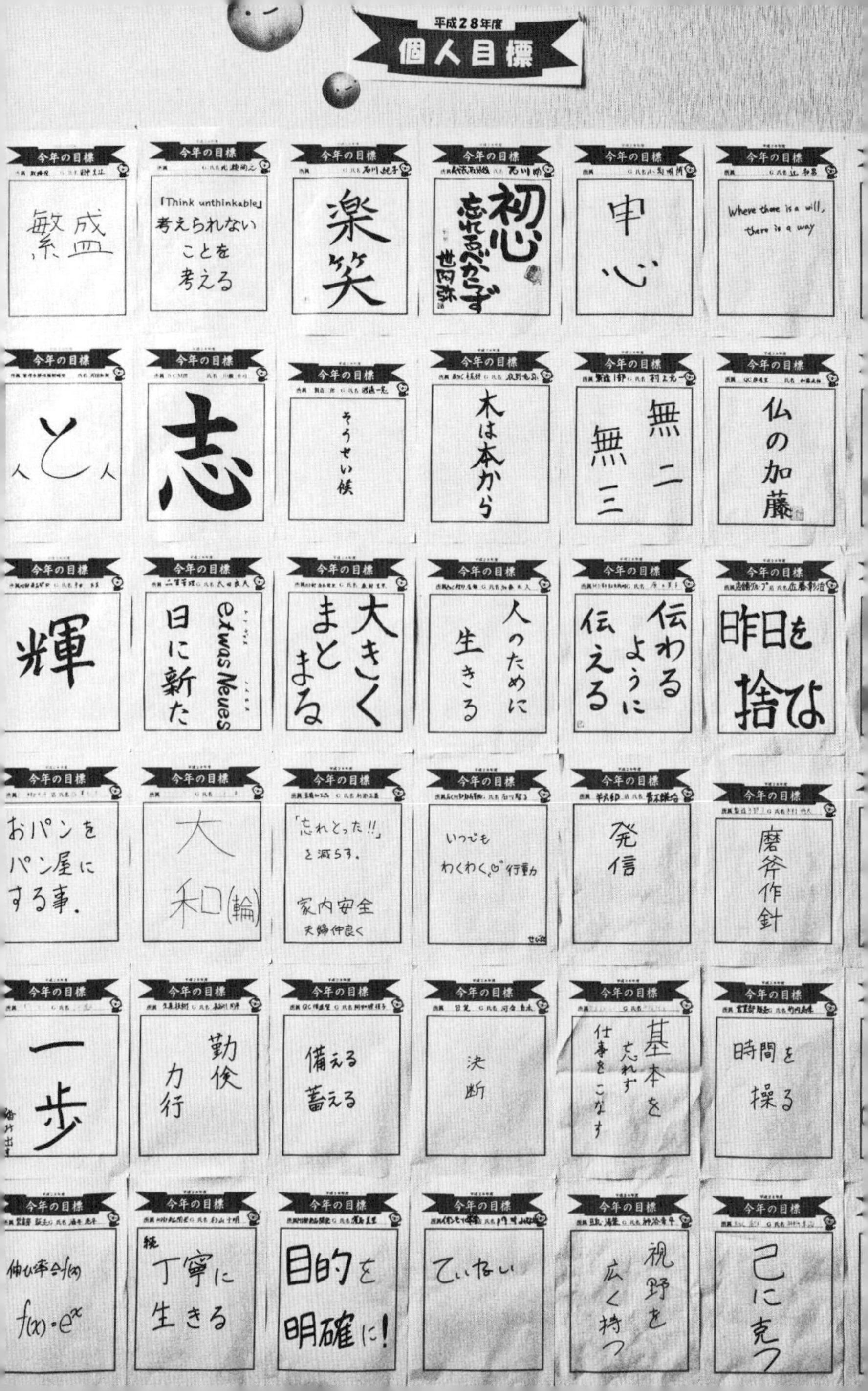
平成28年度
個人目標
今年の目標
繁盛
「Think unthinkable」
考えられない
ことを
考える
楽笑
初心忘るべからず
世阿弥
中心
Where there is a will, there is a way
人と人
志
そうせい候
木は本から
無二無三
仏の加藤
輝
etwas Neues
日に新た
大きくまとまる
人のために生きる
伝わるように伝える
昨日を捨てよ
おパンをパン屋にする事.
大和(輪)
「忘れとった!!」を減らす。
家内安全
夫婦仲良く
いつでもわくわく♡行動
発信
磨斧作針
一歩
勤倹力行
備える
蓄える
決断
基本を忘れず仕事をこなす
時間を操る
伸び率今f(x)
$f(x)=e^x$
丁寧に生きる
目的を明確に!
ていねい
視野を広く持つ
己に克つ

新しい研修の形、2泊3日の「農泊」から若者が学ぶこと、やっていくこと

「まっすぐ経営術研究会」との座談会の場で、「ひと」について聞かれた時に、最初にあげたのが「農泊」と呼んでいる若手社員の研修です。

昨年は6月末から7月初め、大分県で2泊3日で実施しました。

「農泊」でやることは「田んぼで草むしり」のひと言です。

炎天下、ひたすら草と格闘、途中でいろいろなことを考えると思います。

「作物が育つ過程で、雑草がこんなに茂っている、この草むしりを誰かがやらなければ、作物の成長に、収穫に、影響がある、今はそのお手伝いをしている、

ここで育つ作物のために、田んぼのために、育てている農家さんのために、

そして料理をし、食卓でおいしく食べるひとたちのために」

草むしりは想像しているよりも、はるかに大変で時間がかかります。

10人近くで手分けしても、まだこれくらいしか進まないのかと思うほど。

それでも、草むしりが終わったところは景色が変わり、雑草のない田んぼが広がります。

食事は朝晩は自炊、お昼はお弁当、
予算の中で買い物をして、役割を決めて食事作りです。

電子レンジや炊飯器はありません。カレーと揚げものは禁止です。

ご飯が焦げても、ちょっと失敗しても、それが各自の思い出に残るといいなと思います。

私ももちろん毎回参加して、草むしりをします。

大きな麦わら帽子をかぶり、タオルを巻いて、草むしり開始です。


「農泊」の場所は、大分県の農家さんのご厚意でお借りしています。

愛知県のセントレア空港から大分空港まで1時間と少し、この距離がいちばんいい。

車で行くのではなく、離陸したら戻れない、時間と空間の距離です。

夜、時間がある時は、地元の方からお話を聞く機会もあります。
ほんの短い時間でも、田んぼに入って草むしりをした後なので、
今まで知らなかった話題、情報、交わす会話、誰にとっても新鮮で刺激的です。

3日目の夜、愛知の空港到着の際は、会社から役員が迎えに出ます。

「お帰りなさい」「ただいま戻りました」「ありがとうございました」

必要な言葉はこれだけです。

あとは日焼けした顔と、ぐったり疲れた様子と、でもキラキラした目を見れば、
それで充分です。

草むしり後の感想を「達成感」と表現した社員もいましたが、
参加者それぞれの気持ちの中で、農泊の体験が残り、
農家さんのことを想う気持ちが広がっていくなら、
これから先に、すごく大きな力になると信じています。

第17次農泊隊日程

(大分県由布市庄内町)

●**期間**／平成27年6月30日(火)～7月2日(木)
●**場所**／大分県由布市庄内町

●**研修目的**
1 商業から農業食品業への拡がり、新しい農業との協働システムの担い手の育成
2 関係者と農業の共同作業を通じての再教育、再訓練
3 農業、加工業、流通が一体となった食品づくり、地域づくりの協働、共同の提案ネットワーク構築

●**研修内容**／産地においての農業実習
1 地域の歴史、地域農業の取り組み学習
2 生産者、関係機関との交流、意見交換
3 農業研修

6/30日(火)

5:45	会社集合 出発
7:00	中部国際空港　朝食
8:00	中部国際空港発
9:10	大分空港着 (IBX65便)
11:30	昼食
12:30	農作業
18:30	庄内町　交流会 夕食　宿泊

7/1日(水)

5:30	起床
6:00	村内ウォーキング
7:00	朝食
9:00	農作業
12:00	昼食　休憩昼寝
14:00	農作業 (～17:00)
18:00	夕食

7/2日(木)

5:30	起床
6:00	村内ウォーキング
7:00	朝食
8:00	農作業
12:00	昼食
13:00	農作業　反省会
17:30	大分空港　夕食と買い物 自由行動
20:05	大分空港発 (IBX70便)
21:10	中部国際空港着
22:00	会社解散

【メンバー】
顧問……………………石川　伸
会計……………………1名
社員……………………8名

現場の声

近藤真美さん（MD本部マーケティング室）

出発前、農泊はとても大変だぞ、と先輩社員からあいさつ代わりに聞き、普段の生活では使わない農作業用の長靴や麦わら帽子を買い揃え、ワクワクとドキドキが入り混じった感情で出発日を迎えたことを思い出します。

例年、日陰のない水田では、水面からの照り返しが強く、水温がかなり高くなるという話を聞きました。その中での草取りの覚悟はしていました。ところが私たちの時はあいにくの雨でした。7月にもかかわらず今度は寒さとの戦いで、降りしきる雨の中、冷たい田んぼに素足で入っての長時間の草取り。冷えと疲れから足がつってしまう子もいたりと、全身ずぶぬれになりながらも必死に草を取り続けて3時間。10人がかりで一面の草取り作業が完了しました。草のなくなった田んぼはとても美しく、達成感から田んぼに愛着がわきました。同時に、有機農法は途方もなく労力のかかる大変な作業なのだと身にしみて感じました。雨の日も晴れの日も、天候なんて関係なく毎日田畑の面倒をみる農家さんに脱帽です。

秋になると、私たちが草取りをした田んぼで収穫されたお米が大分から送られてきました。とんでもない苦労を重ねて実ったお米。農家さんの顔や、農泊の3日間を思い浮かべながら食べたご飯は、一段とおいしく感じました。

「頼りになる先輩」と「頑張れよ、後輩」が作るバディという名前のシステム

「農泊」の研修が、グループとしての実習や勉強、交流だとすると、個々の新入社員に対しては先輩とマンツーマンで作る、「バディ」という制度を昨年から始めました。

これは、同じ部署の先輩社員が新入社員に対して、これから始める仕事の準備や流れの相談にのるシステムです。

「バディ」というのは、ダイビングなどのペアに使う言葉で、かたい結束がある意味です。「リアルな後輩」は男女関係なく、仕事が近い「リアルな先輩」につくので、具体的な話がすぐにできて、疑問を解決できます。

新人はわからないことがあっても、誰に聞いたらいいのか、戸惑うことがあります。疑問のまま進めて失敗することもあります。
そのまま時間がたつと、孤独を感じることがあるかもしれません。

そんな時に、公私共々の疑問に答えてくれ、仕事面だけでなく、社会人としての相談にのってもらえる相手が決まっていて相手も自分のことを気にかけて、いろいろ教えてくれるのなら、新入社員の悩みは早い時期に解決して、先輩との交流にもなります。

昨年、バディ制度を始める時に考えたことがあります。
この制度がうまく進めば、共有の価値観を持つ先輩後輩ができます。
仕事上の不安が早期に解決できれば、
「もうこの会社にはいたくない」という考えは減り、離職率も低くなるでしょう。
これは「顔の見える会社」にとって、とても有益です。

先輩バディは、教えることの大切さを再確認し、教えるためには自分も勉強しなければいけないと考えます。後輩バディは、わからないことをどう聞いたらいいのか、どうしたら答えを聞きだせるのか、具体的な話で質問してほしい。

こうした双方の前向きな気持ちから、先輩後輩の新しい関係が生まれています。

「バディ制度」は昨年から始まった制度のため、まだ1年間通しての結果は出ていません。

でもとてもうまく関係を作れていると報告を受けています。

複数のバディが集まると、コミュニケーションも活発になるそうです。

かつて新入社員が、仕事を何も覚えないまま2、3年で辞めていった経験があるので、育てた若手には、今度は楽しく仕事をして、成長してほしいと思います。

小さな会社の「ミドルアップダウン」ミドルのスタッフが縦横無尽に活躍

２０１６年の「おとうふ工房いしかわ」は社員80名、内訳は男女半々。契約社員、パートさんが計４３０名になりました。

スタッフの人数が増えていくにつれ、話を伝え、問題提起することが大切になります。

「顔の見える会社」は、「自分たちで問題解決できる会社」になる必要があります。

社員には会社内の職責名があります。新入社員は研修後ＹＣ（イエローキャップ）、それからＬ（リーダー）、そしてＣＬ（チーフリーダー）という職責になり、ＧＭ（グループマネージャー）に上がります。

その上はSM（シニアマネージャー）になります。
この段階は仕事の経験年数の目安で、
会社内での役割や会議などの参加パターンが変わってきます。

SMとGMは経営会議のメンバーですから、経営面の打ち合わせや討議をし、
スタッフの意見、グループ内の検討事項をトップに上げます。
同時に、経営会議の決定事項や、私や役員からの伝達を、
各グループのスタッフに伝える仕事もあります。

マネージメントでいう「ミドルアップダウン」の考え方です。

うちくらいの人数の、小さな会社で「ミドルアップダウン」の考えを入れているのは、
皆がそれぞれの立場で、働きやすい職場環境を作りたいからです。
ミドルのスタッフは、状況を把握して上に伝え、また上からの情報を下に伝えます。
提案されたことは経営会議または役員会議で討議され、その結果はミドルに戻します。

たとえば5人以上が集まれば、まず先頭にたって話す人がいます。
反面、何も言えずに、うなずいているだけの人がいます。
でも話す環境を多面的に作れば、うなずいていた人がもっと話に加わるようになれば、
新しい意見が出て、その場の活性化につながり、問題が解決できる場も増えます。

お互いが共有できる場を、できるだけ多く作りたい。
それぞれの人数は少なくても、集まれば大きな力になります。
それぞれの立場、年齢の人たちのコミュニケーションがとれるように、
ミドルのスタッフの、縦横無尽の活躍に期待！

パートさんのパワーとキャリアは大切な戦力
毎月のお誕生会で、話を聞く場を確保する

うちにとって、契約社員とパートさんは、とても大切な戦力です。
働く時間や場所の違いはあっても、「仲間」ですから、
情報は契約社員もパートさんも共有します。事務所や工場勤務だけではなく、
店舗勤務の人も大勢いますから、皆が顔をそろえることは難しい。
その中で「顔の見える会社」を維持していくために、
毎月1回「パートさんたちのお誕生会」を開きます。
出席者は、お誕生日を迎えるパートさんたちと、役員です。
「おとな達のお誕生会」を皆とても楽しみにしていますし、
役員達も話を聞くのが楽しみです。

社内のコミュニケーションづくりもありますが、第二章の「ものづくり」のところでも書いたように、私は「楽しいこと」「おもしろいこと」が好きです。こういう「楽しいこと」をものづくりだけでなく、「ひと」に対しての場面でも、やりたいと思います。どうやったら喜んでもらえるか、毎月考えています。お誕生会も楽しいから皆来てくれる、カレンダーを見ながら、「私は来月よ！」と楽しみに思ってくれる、このつながりが大切です。

パートさんは勤務する時間によって、「ロングパートさん」「ショートパートさん」に分かれています。子育てなどでロングが難しい人はショートから始めます。子育てが一段落してからロングに移ることも可能です。

自分の生活を大切にし、そして「いしかわ」の仕事をずっとしてほしい。それに対して「楽しく働きやすい環境」で迎えたいと思います。

「ちゃんとした会社」がやるべきこととサスティナビリティ

1年に何回か、思い出す映像があります。

会社を設立して間もない頃、地元のケーブルテレビの取材を受けました。

まだビデオでの収録で、若い私が写っています。

古い小さな工場の前で「将来どうなりたいですか？」と聞かれました。

おそらく、いろいろ話したことがあったのでしょうが、

その中で残されている、私のセリフは、こんなものでした。

「お豆腐というものから、新しい価値観のあるものを作ってみたい。

その工場に、子どもたちが遊びに来て、出来たての豆腐を食べて、

おいしい！　と思ってくれるような会社にしたい」

この本の中で何度も触れている「子どもに食べさせたい豆腐づくり」への想いは、ここから始まり、その後も変わることなく続いています。


大豆高騰で会社が危機的な状況になった、会社設立15周年の頃、スタッフから積極的な意見が上がってきました。

「社長、15周年記念に、何かおもしろいこと、やりましょうよ！」

「社長が前からやっている、豆腐体験教室を、違う形でやるのはどうですか？」


こういうイベントは、会社にお金がある時にするものなのかもしれません。

でも私は、こういう時だからこそ、消費者との交流をしたいと思いました。

そこで始めたのが、「青空豆腐作り教室」です。市内の小学校の校庭で、大きな鍋で大豆を煮て、テントで豆腐を作るというイベントでした。

自分たちで作ってみる過程になると、子どもたちの目がキラキラしてきました。

「これが出来たての豆腐なんだね」「作りたてはお店で見るのとは違うね」……。出来たて、作りたて、揚げたて、この「○○たて」という言葉が心にしみるようでした。

子どもを広い視野に入れた会社を、これからも続けていかなければならない！

そんな決意を、子どもたちが後押ししてくれました。

「おいしい豆腐をお届けする以外にも、子どもたちやお客様のためにできることはある。こういうことも貢献、なのだ」と思いました。

これが突破口になり「おとうふ工房いしかわ」の進むべき道が見えてきました。

豆腐体験教室は、以来途切れることなく、いろいろな形でずっと続いています。

中学生向けの職場体験教室のお手伝いもさせていただいています。

昨年の社員採用面接の時に、とてもうれしいことがありました。それは「中学生の時、職場体験教室のお豆腐製造で、ここに来ました。

その時のことが忘れられなくて、この会社を志望します」という子がいたことです。
20歳を過ぎている人を「子」と呼ぶのは失礼かもしれませんが、
私にとっては、体験教室に来てくれた「子」でした。

豆腐教室には年間4000人が来てくれます。10年やってきたら、4万人。
その中のひとりが、うちの会社を志望してくれるまでになりました。

サスティナビリティという言葉があります。
持続可能と訳されますが、企業のサスティナビリティは、
利益を上げながら、将来においても製品を供給し続けられる可能性を持っている、
という意味です。この「し続ける」ことがポイントです。
財務上の意味に使うだけではなく、環境保護や社会貢献活動や
企業倫理への取り組みなど、社会的側面も注目されています。
25周年を迎え、この言葉を刻みつけて、新しい企画に取り組みます。

【まっすぐ経営術研究会の分析】

アメリカの心理学者アブラハム・マズローは、人間の欲求を五段階の階層理論にしました。この理論の中で、マズローは「人間は自己実現に向かって絶えず成長する」と提唱していることから「自己実現理論」とも呼ばれています。

マズローの理論では、一段階目の欲求が満たされると、その上の欲求が出てくると説かれていますが、この自己実現理論を、会社の事業規模の変遷と重ねて考えているのが、石川社長です。

マズローの五段階を順番に追ってみます。

第一段階　生理的欲求　　生きていくための基本的、本能的な欲求。

第二段階　安全的欲求
「食事、睡眠」など、生きていくために欠かせないこと
自分の安全(健康状態の維持、事故防止、防衛など)
生活や経済的な安定(住む場所、暮らしに必要な金銭など)

第三段階　社会的欲求
所属と愛、「仲間がほしい」「集団に所属したい」
「人に愛されたい、愛したい」この欲求が満たされない時、人は「孤独感」「社会的不安」を感じる

第四段階　尊厳欲求
所属している集団から「認められたい」「尊敬されたい」と思うようになる。これは地位にもつながる
第一段階の自分自身の基本的欲求から始まり、第四段階までは、自分自身と他者との関係性に対しての欲求であるのに対し、最後の第五段階で、自分自身に戻る

第五段階　自己実現欲求
自分の可能性や能力を発揮し「あるべき自分」「こうなりたい自分」でありたいという欲求。

マズローの理論に、「おとうふ工房いしかわ」の流れを合わせた図が左にあります。

石川社長の考えによると、一段階目は国産大豆を使った生産の時期です。

第二段階は多面的な活動で、日本の農業のことを調べ学び、会社を次の段階へ進めました。

第三段階は、この本のサブタイトル「豆腐を売るな、熱い思いを売れ」の答えともいえる社会的な視点を持ち始めた時期です。

第四段階は　売り上げが50億円を超えた、現在の姿かと思います。

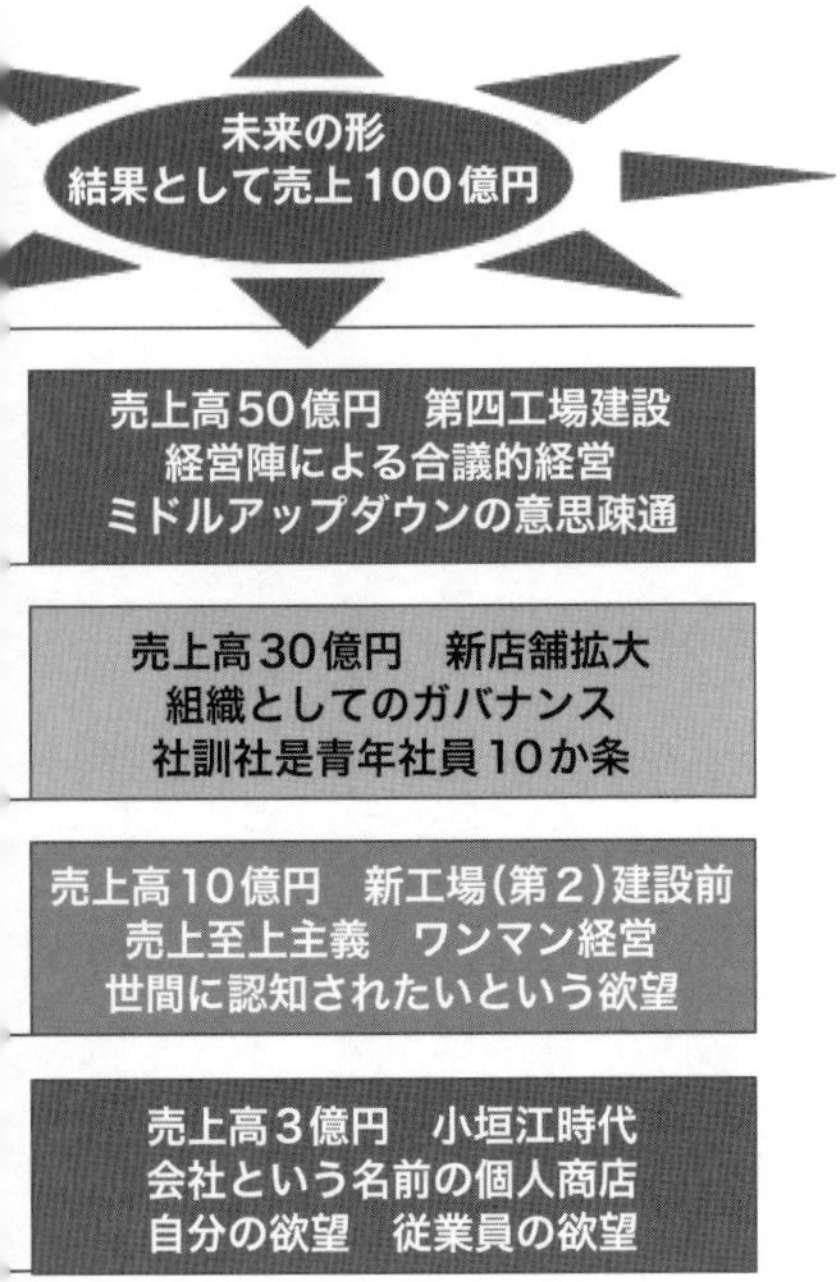

マズローの欲求５段階

この理論に弊社の事業規模の変遷を当てはめたら見えたもの

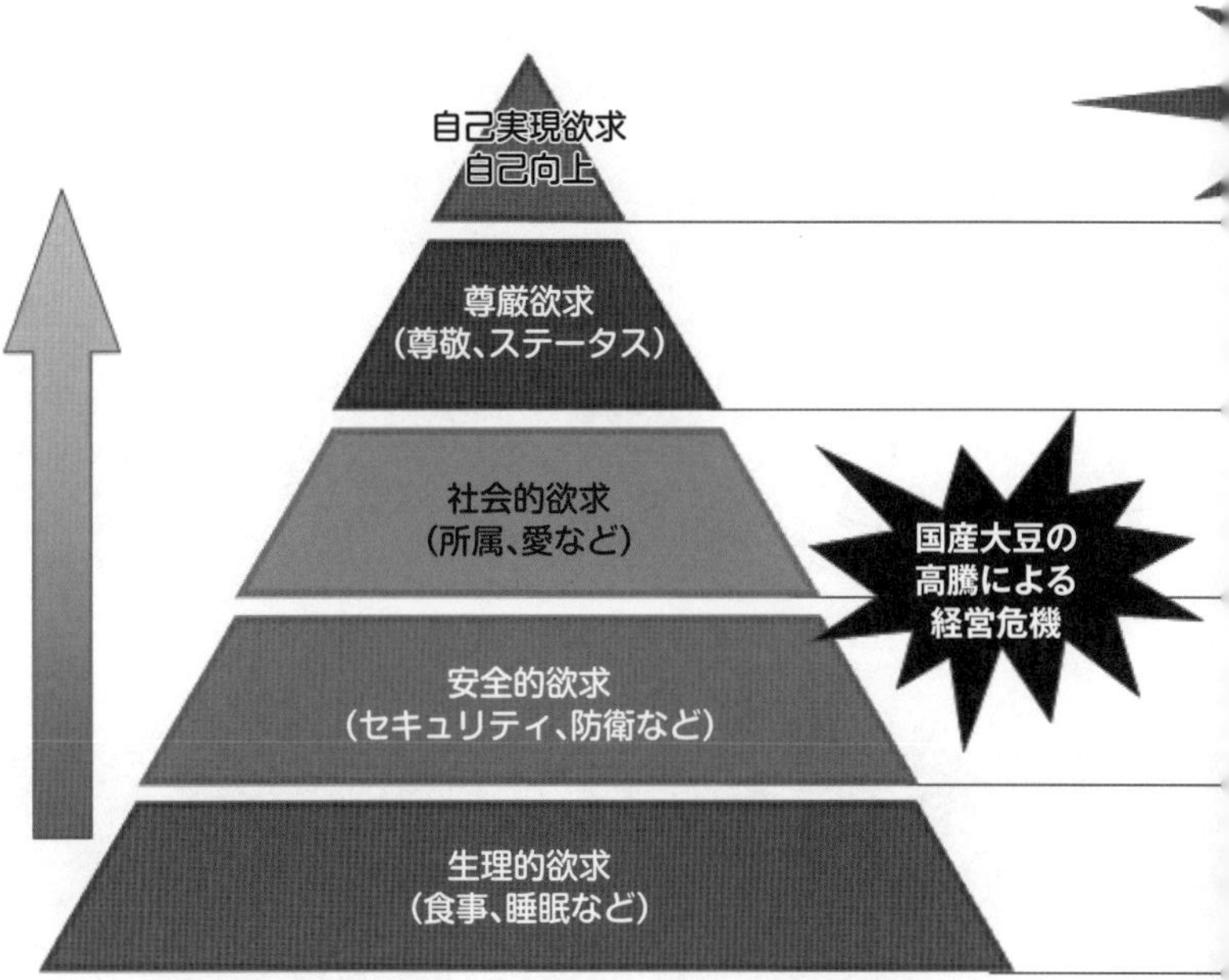

石川社長は「周りの人に貢献して楽しくすることが、自分自身の満足」「もっと人の役にたちたい」ことをめざして、第５段階を視野に入れています

安全・安心の原点、生産管理課

パソコン、電卓を手に管理部

SCM 部

ミーティング中の MD 本部

本社工場の豆腐ライン

みんなも大好き

BtoB 事業部販売課

チェックの目を光らせる生産管理部

BtoB 事業部販売課

第四章

大切にしたい、「コト」の価値と、未来への夢

共鳴、共存できる社会の仲間になる

磯貝　ここからは「おとうふ工房いしかわ」の今、そして未来についておうかがいしたいと思います。今回の取材を通して、石川社長から「ものからコトへの転換」という表現をよく耳にしました。私は「コト＝社会貢献」ととらえましたが、いかがでしょうか？

石川　社会貢献も含めて、商品に見えないものの価値を、「おとうふ工房いしかわ」から発信していこうという意味ですね。

市橋　商品に見えないものの価値とは、具体的にどのようなことでしょうか？

石川　「地球環境」ですとか、「多くの人が共鳴、共存できる社会」ですとか。

磯貝　非常にグローバルですね。

石川　改めて言葉にすると、ちょっと照れくさいですけどね。

市橋　そのような心境に至ったきっかけは何ですか？「コト」というのは「もの」や「ひと」を含めての考え方なんでしょうか？

石川　どっちが先とか上とかではないんですが、会社とともに25年過ごしてきて、これからのことを考えた行動をしていこうという気持ちなんですね。

市橋　やはり、会社が大きくなったら、社会貢献をするべきという「企業の責務」でしょうか？

石川　スタートラインはそこですが、グローバルな考えを持つようになったのは、「やるべき」とか「やらねばならない」という義務感でも、大企業の真似でもないんです。視野が広がって、それに対して、自分も何かできたらいいなと思うようになったんですね。

磯貝　「マズローの五段階欲求説」ですね。これに当てはめると、「おとうふ工房いしかわ」は、五段階目の「自己実現」に入っていきます。マズローは「自己実現」を「自分の持つ能力や可能性を最大現に発揮して、あるべき自分になりたい」と唱えています。これには、無償性つまり他者からの見返りを求めないということも含まれますね。

石川　確かにそうだと思います。会社設立当初から「お客様のために」という思いでやっていましたが、売り上げは自分のところに戻ってくるという思いがありました。会社経営で見ると、商品を販売して損をすることはできないけれども、今は、自分のところに戻ってくる形以外があると思っています。誰かから受けた恩を、自分は別の人に送って、その人がまた別の人に送る。そうやって、どんどんつながっていけばいいなと思います。

磯貝　ペイ・イット・フォワードですね。

石川　今の言葉でいうとそうですね。

市橋　石川社長がお考えになる共鳴、共存できる社会とはどのようなものですか？

石川　お互いの価値を認め合い、尊敬しあえる社会ですね。社内では、お互いを尊重しあう仕事の進め方をよく話すのですが、それを社内や仕事の関係者だけでなく、もっと広い範囲で考えるべきだと思います。

私は江戸時代、特に19世紀の日本の社会について、とても興味があります。文化や生活について書かれた本を読むと、すばらしいと思う点がたくさんあります。

市橋　19世紀というと、江戸時代から明治時代になるところですね。

石川　はい。江戸時代の後期、ペリーがやってきて、開国、幕末、維新となるわけですが、その前の数十年がとてもおもしろいです。当時の人たちには、どこか達観したような見方があるんですね。平均寿命が40歳台で、もっと短命な人もたくさんいましたから、やりたい事に対する思いは熱かったと思います。

原　女性も短命だったという話を、ドラマでよく観ます。亡くなった時の年齢をあとで聞くと驚きます。

石川 衣食住に関しても、今のようにものがあふれている時代ではない。むしろ足りなくて困っていたから「有限」を理解して生きていたわけです。限られたものの中で、生きるために、お互いに分け合ったり、助け合ったり、子どもを大切にしたり、経験を積んだ年長者を敬ったり、子どもを大切にしたり、そういうことを自然にやっていたんです。

市橋 いつの時代も、そういうことが大切だとわかっていても、今のようにものがあふれた中にいると、第三者への思いが希薄になることがありますね。

石川 自分がよければ、今が快適であれば、という考えになりがちで、そのために争いが起き、環境破壊が起きる原因にもなっていると思いますよ。でも、みんなが19世紀の日本の価値観を考えて、ペイ・イット・フォワードの考えが世界に広がっていけば、未来が明るくなると思うんです。

市橋 日本を超えて、世界に目を向けていらっしゃるんですね！

石川 そういうことにつながる活動を「おとうふ工房いしかわ」で行っていきたいと思っているんです。

磯貝 では、愛知県の今と、江戸時代を、グローバルな視点で考えながら、いしかわさんの具体的な取り組みを探っていきたいと思います。

近江商人の「三方よし」の思いを伝える
「売りてよし、買いてよし、世間によし」

私は、生まれも育ちも、愛知県の東側、国名でいうと「三河地方」ですが、小さい時から、「近江商人」の話を聞いていました。

滋賀県の琵琶湖近くを拠点として、各地を行商し、手ごたえのある場所にお店を構えるという方法で、発展していったこと。

そして同時に「近江商人の三方よし」という考えも聞いていました。


三方というのは「売る側」「買う側」「世間」の3つ。

「自分のことでなく、相手のことを考える」という相互方向の流れはわかりますが、「世間」という3番目が大切です。

各地を動きながら商売を始めるには、地域の人たちの理解が不可欠です。お客様だけでなく、そこに暮らす人々の利益となり、地域全体の発展、活性化につながる存在になることが大切だということを、経験の中で得たのでしょう。

地域貢献という感覚が早くからあったということです。


ビジネスの場面でも「ウィン・ウィン」という言葉をよく使います。

双方に不利益がないことですが、実はその陰で不利益を被っている「ウィン・ルーズ」に置かれている人たちがいることも事実です。

だから今は「トータル・ウィン」という言葉で表現するようになりました。


これは「三方よし」の考えと、根本では共通の部分が多いと思います。

そう思うと、近江の人の考えはすごいと、江戸時代の知恵に改めて感動します。

うちの会社も、この考え方を進めていきたいものです。

子どもたちと大豆を通じて、食を考える「だいずきっず」の活動

平成18年、社内ボランティアサークルとして「だいずきっず倶楽部」を始めました。

「だいずきっず」は、大豆と大好きとkidsをかけた造語です。


「今、私たちが世の中のために、子どもたちの健全な食生活のために、何か役立てることはないだろうか」という思いから、地域の子どもたちを中心とした、大豆を題材にした青空教室の開催です。


大豆の栽培を見学し、持ち帰った大豆から芽が出ることに興味をもち、

「芽が出たよ。すごいね。うれしいね！」

「お豆腐は、こんなふうに大豆から作るんだよ。だからおいしいんだね！」

そんな恵みからくる「感謝の気持ち」を、誰かに伝えていきたいという自然な思いを大切にしようと考えました。

最初の年は、高浜市内の小学校をまわり、翌年は田んぼを借りて種まきから始めました。次は収穫した大豆で子どもたちと一緒にカレー作り、農作業の後では、必ずランチタイムを設けました。ローコストの手づくり活動でした。

でもお金はかからなくても人手はかかる。皆が助けてくれました。ここから子どもたちと、どうつながっていくかを、真剣に考え始めました。子どもたちにとっては「ペイ・イット・フォワード」。受けた恩をその人に返すのではなく、他の人に恩送りする。そうあってほしいという願いがあります。

大豆農家さんはじめ、たくさんの人のご協力もいただきました。

その思いは続き、「だいずきっず倶楽部」は、平成23年にNPO法人「だいずきっず」になり、活動の幅を広げています。

2015年は、2月のお豆腐作りから始まり、にんじんの収穫と料理体験、おから味噌&漬物作り体験など、毎月1、2回の活動。
7月からは新しいシーズンとして、大豆の種まきと大豆カレー、炊飯体験、9月は塩田で海水から塩とにがりを作り、その場で豆腐を作って食べる体験10月は大豆畑で枝豆の収穫と料理体験、
11月は石窯料理体験とこんにゃく作り体験、12月は無事に大豆収穫……、充実のプログラムが実施できました。

話を聞く↓育てる↓農作業をする↓青空食事会、の流れですが、見学だけでなく体験すること、収穫した材料で料理するという活動は、子どもたちだけでなく、親御さんも、私たちスタッフも、毎回新鮮な体験です。

教室はいつも日曜日開催なので、スタッフは休日のボランティアです。

お金でつながるのではなく、人とつながること、子どもたちの楽しそうな様子を見ること、そして未来につないでいくことの価値を共有しています。

(上)体験後はお腹もいっぱい。みんな笑顔で必ず記念写真を撮ります
(下)地元小学校で開かれた手づくり豆腐教室風景。テーブルにはできたての豆腐。参加意欲が高く、手を上げている生徒が多い

子どもたちの思い、アフリカ、ケニアの地にもインターン学生、「いしかわ」で学ぶ

地元で、「だいずきっず」たちが、おとうふ作りやカレーランチに目を輝かせている頃、海の向こう、東アフリカ、ケニアでも、大豆作りへの関心が高まっていました。

大豆がケニアでも育つという情報があり、JAT「ジャパン・アフリカ・トラスト」さんからのご紹介もあって、だいずきっずたちと、ケニアのキッズたちの間で、一緒に大豆を作っていこうという動きがありました。

大豆というひとつの素材、食文化を通して、遠く離れたケニアと、愛知県との結びつきができました。

大豆を間にした、人と人とのつながりに、感慨深い思いでした。

ネット回線をつないで、同日に豆腐料理を作ったこともあります。

以前、地元の小学校で開催している「手づくり豆腐教室」に、ケニアの首都ナイロビの小学生が、ネットで参加し、それぞれの国の地理を勉強したこともありました。

言葉は通じなくても、子どもたちの笑顔が、ひときわ輝いて見えて、この活動が、少しずつ広まっていくように、応援していこうと思っています。


その活動がつながり昨年は、アフリカから日本企業を学びにきたインターン生が、大豆や豆腐作りの勉強のため弊社へも。

「おとうふ工房いしかわ」にとっては、うれしいインターンたちでした。

短い期間でしたが、熱心に見学、勉強していました。

彼らが母国に帰り、勉強したことを実践しておいしい大豆を育ててほしいと思います。

子どもたちの「旨い、安全、安心」はアレルギー対応の商品へと続く

発端はやはり、お客様の声でした。

「うちの子、牛乳アレルギーだから、プリンが食べられないの。かわいそうだから、いしかわさんのお豆腐に黒みつをかけて食べさせてるの」

アレルギーに関しては、それ以前から関心を持っていました。

そのお母さまの話から「うちの豆腐が役に立っている」

「ありがたい声を聞かせていただいた」と思いました。

そして同時に「みんなと一緒の輪に入れない」場面が頭に浮かびました。

お煎餅なら非アレルギーのお煎餅を、パンもプリンもビスケットも、子どもたちの好きな味を、アレルギーを気にすることなく食べられたら、その子も、まわりの人も笑顔になるだろう。

アレルギーは主に「7大アレルゲン　牛乳・卵・小麦・そば・落花生・かに・えび」を遠ざけることで予防します。このアレルゲンを見る限りでは、かなり厳しいもので、お菓子はまず食べられません。

7大アレルゲン中、うちはまず豆乳をおやつ、デザート部門に使うことで、少しずつ研究、開発をしています。現在、乳成分を使わない豆乳プリンが完成、まだ道半ばですが、うちのお豆腐に黒みつをかけて食べていた子どもさんが、みんなと一緒に、このプリンを食べてくれたら、と思っています。

市と大学と施設と「いしかわ」4者ががっちり協力して生み出した「ぱりまる」

会社がある高浜市には、ハンディキャップを持つ人たちが、「世の中の役に立つ仕事をしたい」と考えている授産所があります。

地元企業として、その問いかけに答え、

「おいしいお菓子を作ってみたら？」と提案しました。

人の役に立つ仕事に関わることが希望でしたから
「アレルギーに悩んでいる子どもたちを救うお菓子を作ってはどうか？」と、さっそく食物アレルギーの研究を重ねていらっしゃる愛知文教女子短期大学の安藤京子教授に連絡をしました。「アレルギーの子どもたちが笑顔になるような誰が食べてもおいしいお菓子を開発してください！」

それから2年半「愛知文教女子短大」と「おとうふ工房いしかわ」と
「授産所高浜安立」そして高浜市の４つが手を組んだプロジェクトが進みました。
産・官・学・福の４者の力で作る、熱い思いから誕生したのが
「ぱりまる」という名前のついたお菓子です。
「ぱりまる」には、７大アレルゲンが一切使われていません。
多くの子どもたちの笑顔を増やすことができるように、
これからも「ぱりまるプロジェクト」を進めていくつもりです。

ぱりまるは500円硬貨よりひと回り大きいサイズ。薄くて食べやすい。主原料は国産の水煮大豆と米粉、黒糖とカレーの２種類

1枚ずつていねいに焼かれているので、パリパリの歯ごたえと、かみしめるほどに大豆の風味が広がる。これはプレーン味

・授産所が販売する上で、賞味期間が長く、ロスが少なくできること
・国内産、愛知県産の原材料が安定供給可能であること
・製造工程がシンプルであること

レシピが決まれば、高浜市の助成も受けてエアシャワー室、PC制御焼成機、自動計量器、金属探知機完備の最新食品工場ができ上がり、半年間のトレーニング期間をもって、平成22年10月から販売開始となりました。

振り返って文章にすると、一直線の商品開発プロジェクトのようですが、福祉施設と短期大学だけでは、中途半端なところで販売をして、その後5年以上作り続けることはできなかったと思います。継続を支援することこそ、子どもたちに食べさせたいものを作る「おとうふ工房いしかわ」ならではの取り組みです。

授産所高浜安立での「ぱりまる」制作風景。産・官・学・福の４者が力を合わせたことで、継続して製品を生み出す機械の設置が可能に

現場の声

安藤京子さん（愛知文教女子短期大学副学長・教授）

「障がいがあっても、世の中の役に立つ仕事がしたい」という愛知県高浜市にある授産所高浜安立（当時の所長成瀬さん）の願いに応え、地元企業として全面的に協力をしたのが、石川社長でした。そして「食物アレルギーで困っている子どもたちに食べてもらえるお菓子」という開発コンセプトが決まり、縁あって毎年食物アレルギーの子どもと家族に向けた、クリスマスパーティーを開催している愛知文教女子短期大学との開発プロジェクトが、平成20年3月から始まりました。

毎月のミーティングで決まっていったことは「福祉の枠を超えたおいしいお菓子」の開発で、石川社長から言われ続けたことは「障がいのある人の手作り」「食物アレルギーの子どもたちのために」という甘えをなくすということでした。

私からの提案は、「食物アレルギーのある人もない人も、みんなで一緒に安心して食べられるお菓子にしたい」ということでした。ひとりひとりに個別対応することがよいことと評価されがちですが、食物アレルギーの子どもたちにとってうれしいことは「特別」ではなく「みんないっしょ」に食べることです。 ここからは、みんなで一緒に食べられる、おいしいお菓子作りをめざします。すべてが最終的に石川社長からGOサインをいただいた商品は、薄い焼き菓子（一般的には煎餅といわれることが多い！）で、次の理由からです。

だんだんボックス

箱には、きりんや象の絵と並んで「PAY IT FORWARD」の文字が描かれている。カラー写真でなく残念ですが、実物は象はピンク色、ポリ袋には「NO TOFU NO LIFE」「Que sera sera～」の字。だんだんボックスデザインを商品に採用し、「よせとうふ」と「おとうふ屋さんのSOYドーナツ」を販売

絵の力をパッケージに込めて「だんだんボックス」プロジェクト

「おとうふ工房いしかわ」から送られる段ボールや、手提げの紙袋に描かれた動物の絵。

「きりんがかわいい」「象もかわいい」と賞賛の声があがっています。

これは、障がいがありながらも、素晴らしい才能を持つ生徒さんの描かれたもので、「笑顔で食べる」をテーマに絵のデザインを公募。その中から選ばれたものです。

うちでは、選ばれた作品をボックスや袋に利用し、売り上げの一部を安城特別支援学校あてに寄付する形をとっています。

「だんだん」は、「ありがとう」を意味する方言。

この活動が多くの人たちの、感謝の輪で成り立っていることを表したものです。

ブレない基盤と変えていくこと
座右の銘「不易流行」

いろいろな席で「座右の銘は？」と聞かれます。
いつも松尾芭蕉の言葉「不易流行」と答えます。
いつまでも変わらない本質的なことと、変えていくことがある、
この2つが並列されているところに、深い意味を感じます。
この本の中で何度も触れているように、
私の基盤はブレずに、1本の道を進んでいます。
71ページにある同心円の図は、それを表したものです。
円の中心は、やはり「伝統製法のにがりと国産大豆」で豆腐を作ること。
その外側に、次の過程で進めたことが広がって、円が大きくなっていきます。

中心点は企業理念とつながっているので、動かずに安定しています。
だから円がどんどん大きくなっても、歪むことなく、
あっちこっちに飛ぶことなく、まとまっていくのだと思います。

同心円が大きくなっていく過程は、決して私ひとりの力では作ることはできません。
この資料を作りながらも、その時々にお世話になった方たちの顔を思い出していました。
創業初期に大豆の畑を見学させていただいたこと、
国産大豆高騰後、先の安定供給に奔走し、生産者さんと契約を結んで、
取引させていただいたこと……、
その当時は回り道だったかもしれませんが、道の途中で、志を共有する方たちに出会い、
大きなものをつかんで、また元の円に戻ることができました。
ブレない円があるから、まっすぐな道に進めます。
途中ふらついたり、立ち止まったりしても、しっかりした基盤が支えてくれます。
この基盤は「不易」です。

創業四半世紀、年商50億円を超えた今、「1、3、5理論」で見ると、ネクストステージは100億円。数字で見ると2倍になります。

経営の面から見ると、会社の組織も変わる段階がきます。ホールディングの形をとることも考えています。そのためには、組織が分かれても、自立して、それぞれを成長させる経営者を育てる必要があります。

私はよく「ハニカム構造」の話をします。ハニカムというのは「ハチの巣、正六角形」のことで、構造的に一番強いとされます。円形は空間が多くできます。三角形や四角形は歪みが出ます。六角形は、ひとつひとつがしっかり成長しながらも、つながっていくことで、さらに強い構造を作ることができます。

夏には第四工場が稼動します。
既存の工場と併せて、製造品目の振り分け、住み分けをします。

商品の輸送問題の検討も急がなければなりません。
作りたての豆腐や油揚げや、おから、湯葉、豆乳、ドーナツ、プリンも……、もっともっと多くの方に食べていただきたい。
輸送の効率化、通販ルート、PB(プライベートブランド)としてのライン、考えなければならないこと、決定しなければならないこと、断念すること、時代とともに変わっていくなら「みんながしあわせになる」方向を考えたい。

そこに至る企業理念や戦術を、柔軟に考えながら、「まっすぐに」進みます。

これが、私にとっての「不易流行」という言葉に対する思いです。

広がる大豆畑

地元安城の生産農家の方と

秋、麦の刈り取り

石川社長夫妻！

空に向かう穂先

畑と大豆と「ひと」

精製されていく国産大豆

未来に続く夢、狭小型ビジネスとしての「シロモノヤ」

会社創業時に出会った会員制の自然食宅配ビジネスが、今でも私の中で感動として残っています。

20数年前、同じ年頃の子どもを持つ友人の奥さんから紹介されたのが、愛知県にある「ライフケアー」という会社でした。

サラリーマン時代の営業先に生協の共同購入がありました。ちょうど関東の生協で個人宅配が始まった時期でもあり、イギリスの生協活動の始まりの話を、本で調べたりもしました。宅配ビジネスの黎明期だったと思います。

でも「ライフケアー」という会社は、それまで見たり聞いたりしたシステムとは違っていました。売っているものの、こだわり度や価格こそ違っているのですが、根本にある「自分たちの暮らしの価値観」を売るという方向性は新鮮でした。

食を通じて加藤社長の価値観を共有する、つまり**お客様と売り手が、フィフティフィフティの関係にあるということです。**

商売人の家に生まれて、腰を低く、頭を垂れる親の生き方を見ていた私には、フィフティという感覚は衝撃でした。

後に「らでぃっしゅぼーや」さんの中部センターと取引を始めた際、イベントの収穫祭でも同じ感動を持ちました。

あれから20数年が経ち、多くの取引先に恵まれて今日まで成長できました。

でもずっと自分の商売の価値観はここにありました。

バブルが崩壊した時に創業して、私たちは業績を伸ばしてきましたが、その間に、高度成長期に見られた、「個人優先幸福論」から、**ボランティアやエコといった、「絆幸福論」に少しずつ変化してきました。**

今、私たちがやりたいと思っているビジネスモデルは「シロモノヤ」です。

かつてスーパーマーケットの特売商品は、「白もの」といわれる砂糖、牛乳、豆腐、うどん、卵、食パンといったものでした。

家電製品でも冷蔵庫、洗濯機、電子レンジといった日常使いのものを「白もの」と呼びます。いずれも生活にいちばん必要なものだから、価格訴求で販売実績を上げてきました。その流れが、今は少し変わってきたようです。

ある調味料メーカーさんと話をしているとこんな話がでてきました。

「主婦が基本調味料を買わなくなって、たれを買うようになっている」

「たれなんて自分で作れば安くできるのに……」

素材系「白もの」が疎遠になっているのは、加工食品に移行しているからかもしれません。

それでは、食味の画一化が進んでしまうという懸念もあります。
料理のおもしろみは、「さ・し・す・せ・そ」の調味料の組み合わせと、季節の素材の掛け合わせにあると、私は思っています。
それをなくすことがないように、
子どもたちにこの楽しみを残したい、そんな思いがしています。

「シロモノヤ」は、基本は素材の宅配ビジネスです。

自社の「豆腐」「豆乳」「食パン」「白い粉のお菓子」「白いデザート」といったこだわりの食品と、こだわりの仲間たちが作っている
「卵」「牛乳」「米」「塩、砂糖、味噌など基本調味料」の販売です。
これを使った自慢の調理方法の見せっこ、時にはおばあちゃんの知恵袋、製造者だからできるアドバイス、管理栄養士からの栄養指導……、なんてネットワーク双方向通信をSNSで作ることができたら、楽しいと思います。
さらにみんなが実際に顔を合わせられること、

たとえば表参道の弊社のキッチンスタジオにフリースペースを作り、
実際に作っている人に会えることや体験できること。
こうしたリアルな場所を作ることが、「思いを共有」することにつながります。

イメージはいろいろ広がるのですが、
みんなが投稿してみんなが選んだベストレシピもおもしろい。1年365日、
朝昼晩だから3をかけて、1095品。大変な数です。

価値観を共有できる狭小ビジネス。
こんな時代だからこそ手が届く、人間関係ビジネスっていいなと思います。

モノをただ届けるのではなく、笑顔の素を届けるビジネスです。
大手の宅配便もいいけれど、たとえば「サザエさん」に登場する
三河屋のサブちゃんのような、御用聞きビジネスもいいかも。

効率からいうと無駄に聞こえるようだからこそ、今の東京で、このビジネスを始めたいのです。

日本人が大事にしてきた「歳時記二十四節気七十二候」をベースに暦と一緒に暮らすこと。1週間7日のスパンだけでなく、1年365日のスパンを考えて暮らすこと。


昔の人は、1年先のことをイメージして生きてきました。

自分で作る米をどれだけ植えたらいいのか、梅干は1年でいくつ使うのか、味噌をどれだけ仕込んだらいいのか……きっとロングスパンの考えです。

これもまた「サスティナビリティ」の世界観だと思います。


「シロモノヤ」という狭小型ビジネスがうまく進み、300人単位の小さな輪ができれば、いろいろな情報を共有し、「思いや価値を共有する」仕組みになるかもしれません。

未来のある子どもたちのために、豆腐屋だからできる一歩を歩み始めたい。

それが狭小ビジネス「シロモノヤ」の夢です。

あとがき　「前掛けの話」

私が子どもの頃、ちょうど１９７０年代初めの高度成長時代の波が、地方の農村地帯まで押し寄せてきました。大阪万国博覧会や札幌オリンピックが、矢継ぎばやに開催され、カラーテレビが新しい世相を映し出していく時代です。

その時私の家は、半農半商の小さな豆腐屋でした。

朝暗いうちから両親が、当時最新鋭のボイラー一体式の豆腐の釜の前で、モクモクと出る蒸気の中で働いている姿が、寝ぼけ眼の子どもの目に残っています。

農繁期ともなると豆腐を作り、その後に野良に行く姿も思い出します。

そんな働き者の両親の下で、何ひとつ不自由なく育ったのが自分でした。

親の思いとは裏腹に、父親のつけている厚手の染め抜き木綿の前掛けが大嫌いでした。

当時テレビに出ていたドラマのお父さんは、小綺麗な格好をした姿ばかりでした。

ある時、雨が降ったので小学校まで父が傘を持って来てくれた時に、よりによってその前掛け姿で来たのです。子ども心に恥ずかしくて恥ずかしくって、家に帰って泣いて怒ってしまいました。今思えば恥ずかしい話です。

家族のために一生懸命働いている父親の、格好ごときで怒ってしまったことが。

世の中がバブル崩壊した時に会社を興してがむしゃらに働いてきました。

でも家族4人とパートさん2人の小さな町店に、
経営資源の「ヒト、モノ、カネ、情報」はありません。

その中で何も言わずに自分のやりたいことを支えてくれた両親には感謝します。

国産大豆とにがりで豆腐を作りたいと自分が言い出して、無謀にもやり始めました。

地元の豆腐屋組合の会合の時「国産だか輸入だか、にがりなんてもっと、消費者なんかにわかるわけがない。そんなことをやっている大学出の馬鹿息子」と言われて
怒って帰ってきたことがありました。組合の会合をいつも楽しみにしていた父親に、
私の勝手な生き方で波風を立たせて申し訳ないと思いました。

でもなかなか口に出して謝ることができませんでした。

時が流れ20年経った頃、観光地の店先であの紺色の前掛けを見つけました。

思わず一緒にいた女房に「これ買おう」と口に出した自分がいました。

その月の朝市にそっと腰に前掛けをつけて鏡に映しました。なんだかかっこ悪いな。

そんな思いで会場に行くと、みんなが「かっこいいじゃん」といって挨拶をしていきます。

不思議にちょっと自慢でもありました。

今、毎月の朝市に出る時も、地元の町おこし活動のB1グランプリの全国大会に出る時も、あんなに嫌いだった父親の前掛けと同じものを身につけています。

前掛けは今では私のトレードマークです。

子供の時からの豆腐屋嫌いの呪縛は、もうありません。

会社が大きくなったからでしょうか？　自分が社長になったからでしょうか？

たぶん、自分に子ども3人が授かり、父親としての大切なものが見えたからでしょう。

昨年、初孫を授かりました。はじめての女の赤ちゃんです。

親が子を思い、子が親を思う。そしてご先祖様を敬い、子どもたちの未来の幸せを祈る。

あまりにも当たり前のことが、やっとできた自分に課せられたのは、
社是の「すべての人を幸せにしたい」です。この地域の人が、この日本の人が、
世界中の人がみんな幸せになれる豆腐を作ることが、
この前掛けを通じて知ることができました。

「前掛けに誓って私たちは、豆腐でもっと幸せな社会を作ります」

おとうふ工房
いしかわ
優良品質
商標
勉
強
親切第一

石川 伸

いしかわのぶる●1963年愛知県刈谷市生まれ。日本大学農獣医学部食品工学科卒。明治時代から続く「石川豆腐店」の4代目として生まれ、1991年に有限会社「おとうふ工房いしかわ」を設立。1999年に株式会社とする。以来毎年売り上げを伸ばし、2016年会社設立25年で、年商50億円を超える。家族は妻と3男。地大豆倶楽部幹事、おから協会会長、南三河食文化研究会幹事ほか、地元に根ざした文化活動多数。著書に「大豆が教えてくれたこと」関連書籍に「究極の豆腐レシピ」（集英社）

デザイン　山下知子（GRACE.inc）
撮影　山下コウ太（カバー、石川社長）
取材　市橋照子　磯貝剛成
（とうふプロジェクトジャパン株式会社）
取材協力　株式会社おとうふ工房いしかわ

「おとうふ工房《こうぼう》いしかわ」
年商《ねんしょう》50億《おく》のまっすぐ経営術《けいえいじゅつ》

2016年6月29日　第1刷発行
2019年4月24日　第2刷発行

著者　石川《いしかわ》　伸《のぶる》
発行者　茨木政彦
発行所　株式会社　集英社
〒101-8050
東京都千代田区一ツ橋2-5-10
編集部：03-3230-6068
読者係：03-3230-6080
販売部：03-3230-6393（書店専用）

印刷所　大日本印刷株式会社
製本所　ナショナル製本協同組合

集英社ビジネス書公式ウェブサイト　http://business.shueisha.co.jp
集英社ビジネス書公式 Twitter　http://twitter.com/s_bizbooks (@s_bizbooks)
集英社ビジネス書 Facebook ページ　https://www.facebook.com/s.bizbooks

 ISBN 978-4-08-786063-4 C0034